統一協会の何が問題か

人を隷属させる伝道手法の実態

◉弁護士
郷路征記
Masaki Gouro

花伝社

統一協会の何が問題か――人を隷属させる伝道手法の実態◆目次

はじめに

　安倍元首相銃撃殺害事件の衝撃によって、世界平和統一家庭連合（旧名称：世界基督教統一神霊協会＝以下、「統一協会」）をめぐる問題が国民の関心を広く集め、大きな社会問題、政治問題になっている。今、国民が目にしているのは、統一協会による被害の激しさである。２世問題を含め、経済的被害や家庭崩壊など、その被害の類例のない広さ、深さ、重さに驚愕させられているのである。そして、そのような団体と政権与党である自民党、特に安倍元首相が深く結びついていたという、これまた信じられない深刻な事態を目にさせられているのである。

　それらの事実について繰り返し報道がされ、国民が事の重要性を理解するにつれて、このような事態を招いた原因はいったい何なのか、このような事態に対してどのように対処しなければならないのかについて、模索・議論がおこなわれ始めている状況であると言えよう。

　統一協会による被害の中核は、国民の信教の自由（自主的に宗教を選択する自由・権利）が統一協会によって侵害されたことであり、その結果統一協会の信仰を植え付けられて、判断基準（価値観）そのものを変えられたことであると私は考えている。そのような私の考え方は、数多くの元信者の体験を聞き、多数の内部文書を読んで統一協会の伝道・教化課程でおこなわれている手法を分析したこと、各原告毎にその体験を聞きとって文書にし、それらによって統一協会との論争を繰り返すなかで、次第に形成され維持され、発展させられてきたものである。

国民の信教の自由が侵害され統一協会の信仰が植え付けられたという考え方は、統一協会によって各信者に発生させられる多面的な被害を、総合的に把握することを可能にすると私は考えている。そして、理解できない、おかしいのではないかと一般的には思われる統一協会員の言動を理解し、説明することができるものであると私は考えている。

そして、その考え方は統一協会の被害に対する対処方法を明らかにすることができると私は考えている。すなわち、裁判において統一協会の伝道・教化課程が違法であることを、その内実に分け入って分析して主張して、統一協会に責任をとらせることを可能とするものであり、一人ひとりの元信者を被害者として評価することによって、その人達との関係を対等なものとし、その心理的な回復にも資するものと私は考えている。

そして、その考え方は立法や行政の分野などにおいて、統一協会問題の根本的な解決のために、巨大な宗教団体の蓄積された勧誘テクニックに対して、国民の信教の自由を守るために社会はどのような制度を構築しなければならないのかについて、ひとつの考えを提起することができると私は考えている。

その提起は、統一協会の伝道・教化課程でおこなわれている具体的な事実に基礎を置くものである。そのような提起は初めてなのではないかと思うとともに、そうであるから解決策として有効なものである可能性が高いのではないかと私は考えている。

本書による提起が、今、再発防止策として検討されている統一協会に対する宗教法人法上の解散請求や反カルト法等の制定と並んで議論の対象とされ、検討の対象とされていくことを心から望んでいる。

第1章　統一協会その違法な伝道・教化の手法

（本章は２０２２年８月23日に自由法曹団１００周年記念北海道支部特別例会・共催青年法律家協会北海道支部で行われたオンライン講演会の内容を再編したものである）

はじめに

統一協会員になると、どうして普通に生きていた人が自己破産するような献金をするようになるのでしょうか。どうして、幼い子の養育を放棄して韓国に40日間も行ってしまうのでしょうか。その秘密を解き明かし、そしてその過程に問題はないのか検討していきます。

山上容疑者のお母さん（以下、「A子さん」）を例にして解説しますが、これはA子さんが統一協会の被害者であることを明らかにし、統一協会本体の加害者性を真に明確にしたいからです。

1　山上家家庭状況

報道によれば、A子さんは1952年生まれ（2022年現在69歳）、父親が建設会社を経営していた裕福な家庭の人で、大阪市立大学を卒業した栄養士です。

1966年（14歳の時）、小学6年生だった弟を交通事故で亡くしています。また1981年（29歳の時）には母親を亡くしています。1979年（27歳の時）、父親の会社を継ぐことを前提に結婚しましたが、その夫も1984年（32歳の時）に自殺で亡くなっています。わずか5年間の結婚生活でした。その後、小児ガンであった長男が大手術をして片目を失明するという事態が発生します。

そのような状況、すなわち会社を経営している父（病気がちとの報道があります）、その下で実質会社の中心となって働くA子さん、障がいを持っている長男、山上容疑者、幼い長女、という家族構成のなかにあったわけです。A子さんにとっては、自分が会社と家族の中心でなければならない、し

資料１

Ａ子さんが統一協会に勧誘された頃の家族関係図（報道による）
（カッコ内の年齢はＡ子さんの年齢）

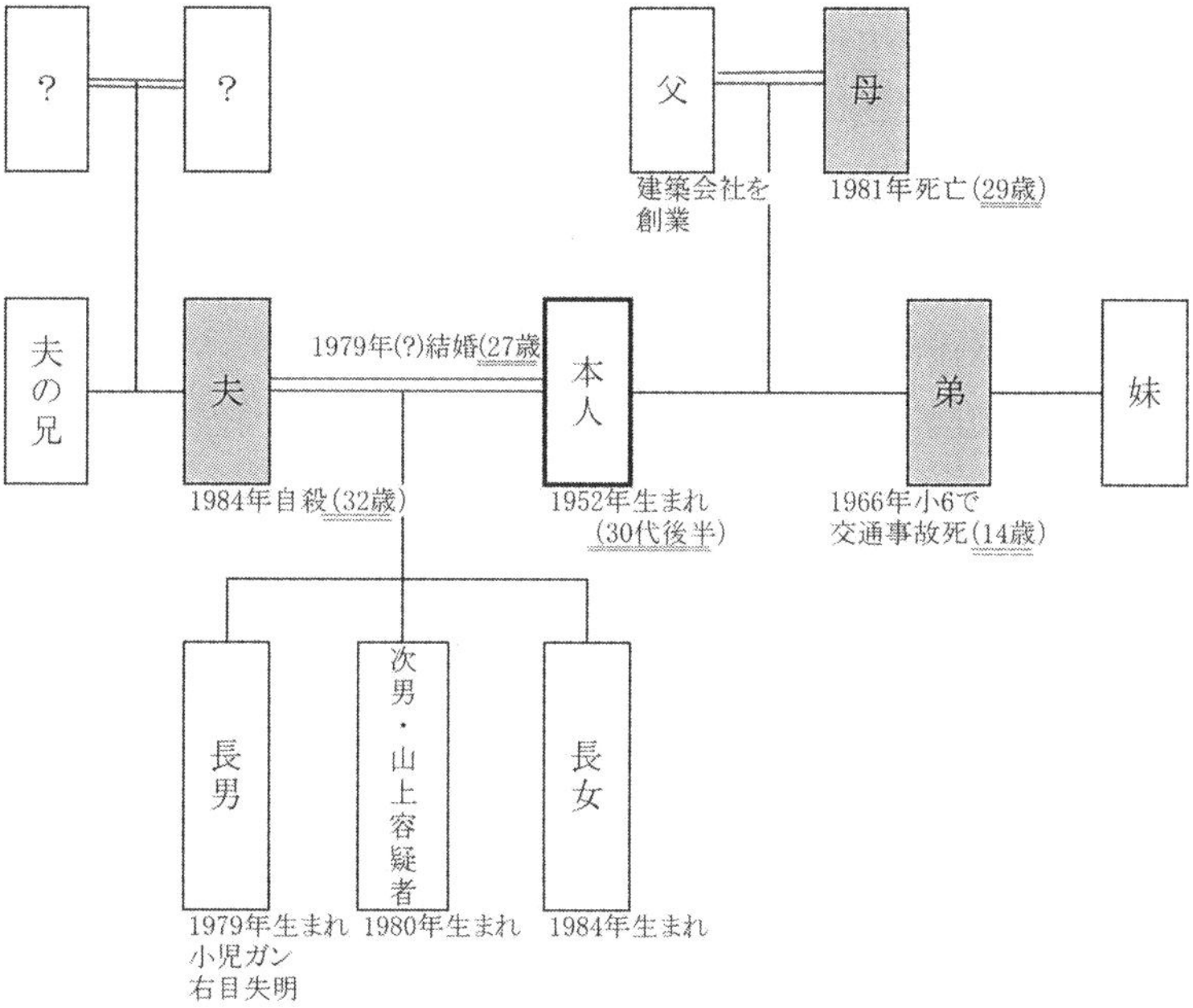

かもその会社はトンネル掘削を専門とする男性中心の職場である――そういうことをヒシヒシと感じさせられる状況であったと推測されます。統一協会員が接触することになったのは、A子さんが30代後半の頃です。「同じ地域の信者が、母親の心配事、悩みを聞くようになったようです」という報道にあった元同僚信者の発言も、同時期のことを指しています。

2　伝道

(1) 教義

統一協会員は教義上、3人の統一協会員を獲得しなければ自分も救ってもらえないという立場に置かれています。だから必死になってやらざるを得ません。

また、統一協会の伝道は、信者が1人で行うものではありません。信者は、対象者がどのような人であるか等々のことを統一協会の幹部に逐一報告し、幹部はそれに対して判断を行い、方向性を与え、それに基づいて信者は行動し、さらにその結果を報告する、そういうことが緻密に積み重ねられます。

(2) 勧誘対象者

統一協会は、すべての人を勧誘の対象としているわけではありません。以下に、勧誘の対象となる人物像を挙げていきます。

① お金があるかどうか。預貯金が100万円以下の人は誘いません。献金をさせるのが目的ですか

ら、お金のない人を誘うのは無駄なのです。流行りの言葉で言えば「コスパが悪い」わけです。預貯金が１００万円以下の人を誘うのは、若者など労働力として使いでがある場合です。

目標は、１００億円の預貯金がある金持ちをゲットすることです。これから伝道に出かけるぞという時に信者が集まって「エイエイオー」と出発式を行うのですが、その際も「１００億円のゲストを！」とやるようです。

② 素直な人かどうか。一般に「どうなの？」と思うような内容を信じさせていくので、物事に疑問を持つ傾向が強い人は対応に手間がかかるだけです。結局、そういう人は統一協会員になりにくく、これまた「コスパが悪い」。言うことを素直に受け入れてくれる人を対象にします。

③ 宗教心があるか。これは重要な選択基準です。統一協会は本人も知らない間に統一協会の信仰を植えつけ、信者にしてしまおうとしているのですから、あの世の存在など信じない人やその傾向の強い人を誘っても無駄です。どこで判断するかというと、占いなどを信じているか、目に見えないものの力を信じているか、宗教団体に入っているか、というようなところです。これは幹部になっている堅固な信者はダメですけど末端の信者は対象にします。先祖供養などをよくしているか、というところでも判断します。

(3) A子さんは重要ターゲット／VIP

では、統一協会の幹部は、A子さんについてどう考えたのでしょうか？

まず、お金は十分あると判断したでしょう。宗教性については、A子さんは実践倫理宏正会に所属していたようです。実践倫理宏正会は、研究者からはしばしば宗教団体と見なされており、宗教心があると判断したと思います。そして、交流を深めるなかでA子さんの状況——長男のこと、夫の自殺、早くに母親を亡くしていること、弟の事故死——を把握していきます。こういったことから、理系の大卒で知的レベルは高いため「素直な人」ではない可能性は高いけれども、「やれる」と判断したと思います。特に、身近な人の死というのは、統一協会が勧誘の対象を見極める際に重要なポイントだと判断していると私は思っています。人が宗教に目覚めるきっかけとして、これはとても重要な契機なのです。

(4) 印鑑販売

A子さんに接触した統一協会が次に何をしたかというと、印鑑販売に誘ったと思われます。なぜ印鑑を販売するのか。その答えは、印鑑を買わせるトークのなかにあります。

統一協会は、「あなたの人生に運勢が80%影響を与えているのですよ」、「努力は20%にすぎないのですよ」というトークをします。このトークは、A子さんには効いた可能性が高いです。A子さんは有名大学に入っていることからも、大学入学時頃までは人生は自分の努力によって切り開けると信じていたはずです。しかし前述の通り、A子さんは、自分の努力によってはどうにもならない体験をしてきました。実家の長男である弟の死によってA子さんは会社の後を継ぐことになったのだと思いますが、それは夫との見合い・結婚に影響しているはずです。そしてその夫も結婚から5年後には自殺しています。これらのことはA子さんに、人生は自分の努力だけではどうにもならないことがあると思わせ、人生において運勢というものが強く、圧倒的に影響しているというトークにも、彼女は「そうかもしれない」と反応した可能性が高いです。

統一協会は、次いで姓名判断をします。姓名判断の結果を口実に、不幸の原因として先祖の因縁を指摘するのです。「悪なる先祖が多ければ、それが悪霊として働き、才能を発揮できずに苦しんだり事故に遭ったり、怪我や病気になったり、家庭運に恵まれず離婚や子どものことで心配事が多かったりして、運の悪い人生になってしまいます」という言い方をします。A子さんの場合、長男の大病はそのせいだと指摘されたでしょう。

そして、「あなたこそが、そのような家系の運勢を変えなければならない中心人物です」という言われ方をします。これは他に誰もそのような家族のいないA子さんには、ぴったりだと受けとめられた可能性があります。これはすべての勧誘対象者に言う文句です。このように言うことで、相手の使命感や責任感に訴えます。たとえば緊急事態が発生した際、「誰か助けてくれ～！」と言ったとして、周りにたくさん人がいたとしても「誰か」が助けてくれる確率は低いといいます。でも、「そこにいる赤い服を着たあなた、助けて！」と名指しされた場合には、その人が助けてくれる確率が高くなると心理学の実験で確認されています。このトークも、そこを利用しているのです。

このようにトークの中核は、運勢があなたの人生に影響している、先祖の悪霊が家系を通じてあなたの不幸につながっているというものです。そのようなトークをされることによって、心のなかに不安が充満してくるタイプの人と、不安など全然感じないというタイプの人がいると、私は思います。

札幌地方裁判所は、２０１２年３月29日の判決で次のように認定しています。

「多くの日本人なら、…中略…、霊界・因縁の話などは迷信にすぎないと考えるだろうと思われる。だから、講義を受けたとしても、霊界・因縁が実在するとは感じないと思われる。しかし、霊界や因縁の話などを聞かされた場合、これを迷信にすぎないと突き放すことができず、それらが実在するのではないかと感ずる人は、必ず一定割合でいるはずである」。

この判決をもらった時、私はこの箇所の意味が十分には理解できませんでしたが、今ではとても大事な指摘だと思っています。統一協会の言い方を用いれば「霊的な感受性の高い」タイプの人は必ずいて、統一協会はそういう人を狙うのです。裁判の際、統一協会側は、（原告は）霊的な感受性が高いから反応したにすぎない、だからこちらには責任がないと、そういう言い方をしました。私はそれに対して、次のように言い返しました。「霊的な感受性が高い／低いは人それぞれの個性であり、それは音楽に対する感受性が人によって違うのと同じことだ。その個性に着目し、利用して信者にするようなことは許されない」。統一協会はその後、そのことについては一切主張しなくなりました。霊的な感受性の強さは、人間の個性の一部なのです。

怒鳴ったり刃物を突きつけたり、あるいは脅迫するような文言を使ったりして直接的に脅さずとも、伝える内容によって相手の想像力に働きかけることで不安や恐怖を喚起し、意思決定を支配する方法があります。もちろん相手の個性や経験によって効果のある人／ない人がいますが、不安や恐怖というのは、人間の意思決定を支配するためにもっとも強力な感情です。この感情は生物にとってもっとも原始的なものであって、生存本能に直結しています。不安や恐怖の感情が揺り動かされた動物は、その感情を発生させる対象からとにかく逃げる、身をかわすというように自分の行動を選択せざるを得なくなります。不安や恐怖にはそういった力があり、そこでは理性は働かないのです。理性によっていては命を守るのに間に合わない、そういう緊急の事態が起きた際に私たちを守ってくれるのが、この不安や恐怖という感情なのです。

一方、相手のなかに不安や恐怖の感情を発生させることができれば、他者がその人の意思決定を支配することもできます。因縁に反応する人かどうかを見分けるポイントとして、トークに対して「どうしたらいいの」という言葉を発するかどうか、というものがあります（**資料２**）。これは統一協会の印鑑販売マニュアルの一部です。この言葉が出なければクロージングに入れない、とマニュアルに書いています。クロージングというのは具体的に印鑑の販売に入ることです。したがって勧誘する協会員は、この言葉が出るまで何度も何度も因縁によるトークを繰り返します。「どうしたらいいの」が発せられれば、その対象者の内面に因縁による不安や恐怖が発生しており、その恐怖から逃れるために解決策を求めたいという心理状態になっていることを示しているわけです。

Ａ子さんについてもきっと同じようなことが起きて、印鑑を買わされた可能性が高いのではないかと思います。時期が違えば印鑑ではなく鑑定チケットを売りつけるのですが、やり方は同じで、「どうしたらいいの」と言わない人は勧誘の対象から外します。

資料2

甲第219号証

〈[illegible]〉

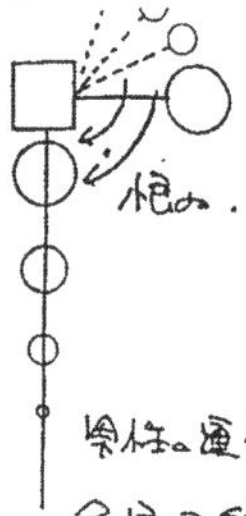

男性の運勢が悪くなる

色情因縁.

○○家は元々位が高いから

地位.名誉.財産があったんです.

あったら.どうなると思いますか

本妻さんがいながら.他に女性をつくるんです.幸福になれなかった女性の恨みがあるんです.

だから.男性が弱いんです.

こういう因縁があるから

ニード なんだ.（再度.押す）.

この因縁さえなかったらいい.

この因縁を受けない様に清算していったらいいですネ.

どうしたらいいの！

この言葉が出なければ

クロージングに入れない.

※出ない場合.

わかりましたが.

奥さん自分で出来る事だったら.

やってあげたいと思うでしょう.

ここまでがトークだ.

３　ビデオセンター受講決定

（１）受講決定とその法的問題点

印鑑販売の次は、家系を詳しく知るためと称して勧誘対象者を呼び出します。そこで、「家系の不思議」というビデオを見せて、家系、先祖による子孫への影響の大きさを感じさせるのです。そのうえで、A子さんの記憶に基づいてできるだけ詳細な家系図を作らせ、家族の不幸は先祖に原因があるという意識をもたせたうえで、「家系のことが勉強できるから」、「いい先生がいらっしゃいます」と言って、ビデオセンターに勧誘します。そしてまた別の日に、「家系の不思議」の続編にあたるビデオを見せたうえで、「家系の問題を勉強して幸せになりましょうね」といって、ビデオセンターの受講を決定をさせて、統一協会員にするための教育に入っていきます。ここまでの過程が法律的には最大の問題です。

どのように問題かというと、まず、きわめて重要な情報が伝えられていません。意思決定について重要な情報が意図的に隠されています。ビデオセンターは、受講生を統一協会員にしていくための、統一協会の伝道・教化課程の最初の構成部分ですが、そのことが徹底的に隠されています。その情報を与えれば、一般的な判断をする人であれば勧誘を断るからです。統一協会は、元女優・歌手の桜田淳子が１９９２年に合同結婚式に参加したことや、霊感商法の裁判等で名前が知られていたため、A子さんも大学生活やマスコミ等を通じて知っていたと思われます。ですから、ビデオセンターが統一協会の伝道・教化課程の最初の構成部分であると知っていれば、絶対に受講しなかったでしょう。受講しなければ統一協会員にはなりませんし、他の方法で統一協会員になることはありません。すなわち、この情報の非開示は、A子さんの人生に決定的な影響を、ひいては山上容疑者の人生、安倍元首相の命にまで決定的な影響を与えたということです。情報の非開示のほかに、虚偽情報を与えることと、占い等で不安を喚起することが並行して行われています。この三重の仕掛けによって意思決定が歪められるのです。

このビデオセンターを受講してしまうと、一定の割合で信者にさせられます。青春を返せ訴訟の一審判決（札幌地方裁判所二〇〇一年六月二九日）の認定によれば、青年対象のビデオセンターの受講決定をした人の約1割が統一協会員になっています。既婚女性用のビデオセンターで2009年頃のデータを私が分析したところ、25％以上でした。

これほど確実に人を変えてしまうシステムが作られており、特にある個性を持っている人にとってのシステムへの参加は、その人の人生に決定的で不可逆的な影響力を持つまことに重大なものであるにもかかわらず、その決定を誤らせるために情報が隠されている。そして、嘘によって誘われている、不安にさせられている。こうしたことが許されるわけがないと私は思っています。

以上のような状況で、A子さんも統一協会のビデオセンターを、そうとはまったく知らずに受講することになったはずです。

（２）ビデオセンターでの教育内容

ビデオセンターでは、経験豊かで理論的能力の高い、包容力のある担当者がA子さん用に特別に選任されたはずです。A子さんを、知的にも情緒的にも人間的にも包み込み、コントロールすることが必要だからです。統一協会の狙い通りにいけば、A子さんは「優しくて本当に素晴らしい人に出会った」と思わされて、その人を心から信頼したことでしょう。そして、心の隅々まで統一協会に把握されたはずです。

（３）霊人体

ビデオセンターで最初に教えることは、次のようなことです。

人間は十月十日、母胎内において地上生活を生きていくための準備をし、五体そろって生まれてくる。誕生した地上生活では80年から１００年の間、霊界で永遠に生きるための準備をする。人間には肉体とは別に「霊人体」＝霊魂があり、人間が死ぬと肉体はなくなってしまうけれど、霊人体は霊界で永遠に生きる。人間にとって地上生活の役割＝意義とは、霊人体を完成させて霊界＝天上天国で永遠に幸せに生きることである。

以上は、統一原理の復活論を、受け入れやすいように薄めて改変したものです。これが、その人の人生を根底的に変える教えとなります。ここでいわれる霊人体は、＝霊魂ではありません。人が霊魂と言われて一般に思い描くものと霊人体はまったく別物です。嘘を言って、霊人体という概念を受け入れさせるのです。

この、霊人体が存在し霊界で永遠に生きるといった講義内容が素直に受け入れられないような人は、統一協会の側も勧誘の対象にしていかなくなると思います（「卒業させる」といいます）。知らないうちに宗教を信じさせて植えつけることは、この世以外＝あの世で生きる自分の存在を認める人でないと難しいからです。統一協会では、この点の価値観の転換を早期に、**資料３**のK３の段階で起こさせることを目的としています。

A子さんは、29歳で母を亡くしています（**資料１**）。報道によればA子さんの母は聡明な方で、A子さんの精神的支柱であったといいます。母の死後、まだ若いA子さんが置かれてしまった家庭内の状況からいって、私は、A子さんは母親を懐かしんでいたのではないか、相談したいと思っていたのではないか、寂しく思っていたのではないかと推測します。亡くなった母親が霊人体として霊界で生きているという、その限りでは何の害もなさそうな統一協会の講義は、A子さんには喜びをもって受け入れられたのではないでしょうか。

（４）地獄の実相

しかし、霊人体が霊界で永遠に生きているという教えを信じ込まされるということは、生きている人間にとってはものすごく強い副作用が統一協会によってもたらされることを意味します。

先述の通り、霊人体を完成させて天国に行くのが地上生活の目的です。では、完成しなかった霊人体はどこに行くのか。霊界は天国と中間霊界と地獄に分かれていて、人間は霊人体の完成度合いによって自分の行く霊界を決めます。罪を犯した人間の霊人体は真っ黒で傷だらけ。天国は光り輝いて

資料3

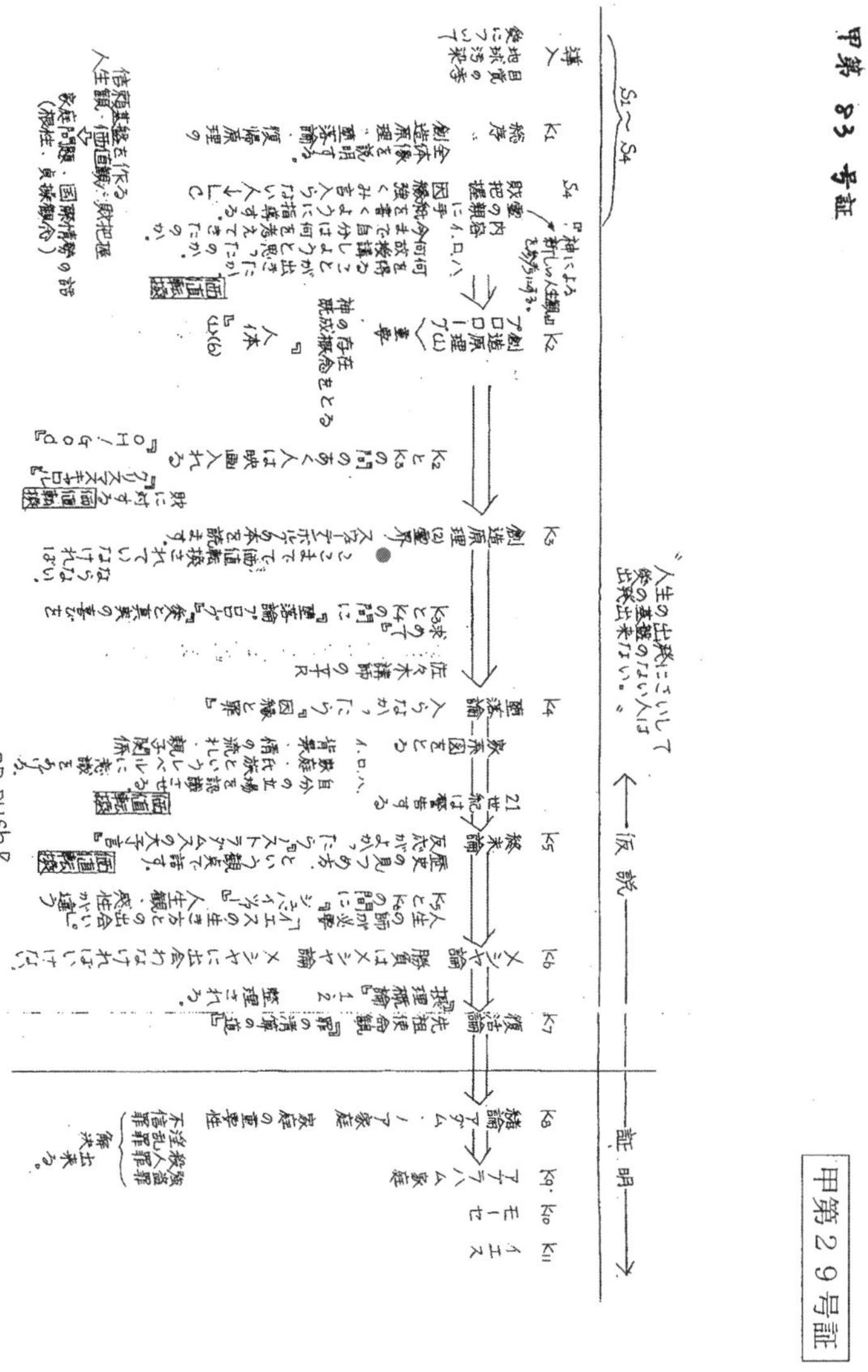

いる所だから自分の醜い姿がみんなに見えてしまうので、とても恥ずかしくて行けません。霊人体が汚れていれば汚れているほど、光のないところを探さざるを得ず、地獄に行くのです。こうして、99・9％の先祖が地獄にいるのだと教えます。したがって、ここまでの教えで霊人体の存在を信じ、霊界の存在を受け入れた受講生にとっては、どうすれば霊人体を完成させることができるのかということが大きな問題になります。そうして、ではそれをここで勉強しましょうね、ということになります。

統一協会は、霊人体を完成させる方法（天国に行く方法）は統一原理に明らかにされていると信じています。したがって、受講生は統一原理とは知らされないまま、霊人体を完成させるための勉強として宗教教義の学習に誘導されていくのです。最初にビデオセンターに来た時は家系のことを勉強して幸せになることが目的でした。それがこの段階では、霊人体を完成させて天国に行くという目的に巧みにすり替えられています。これを統一協会の内部では、「受講生のニードを成長させて、原理と接点づけをする」といいます。統一協会がビデオセンターでの講義初期においてもっとも重要視することです。この場での学びに知的な興味をもたせれば、次に誘導していくことができるようになります。

（5）善行徳行と神の愛

霊人体を完成させる方法について、最初は次のように教えます。

霊人体が完成する道は、肉体によって徳のある行い、よい行いをすること（資料4）。その善行徳

資料４

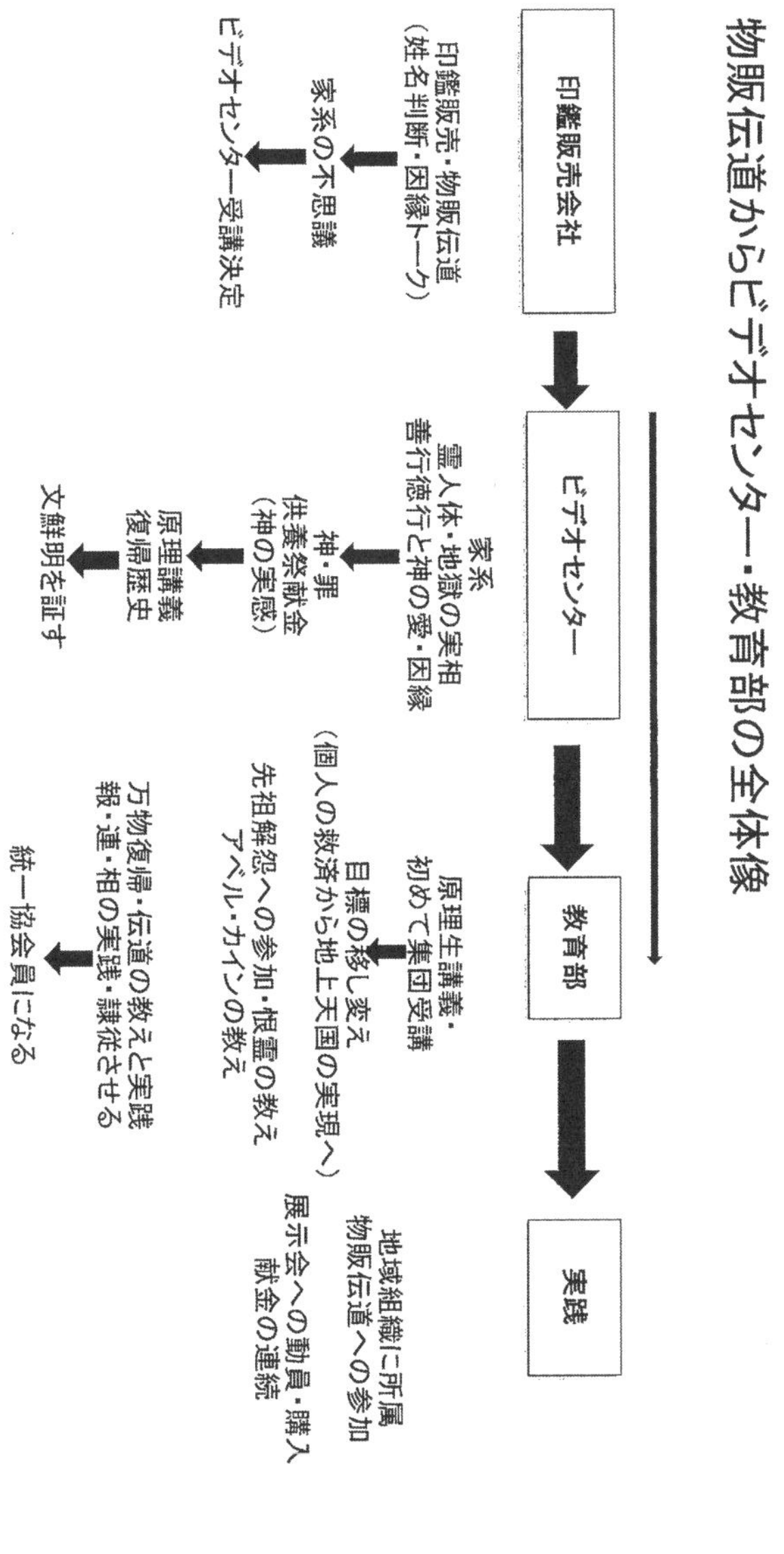
物販伝道からビデオセンター・教育部の全体像
印鑑販売会社
印鑑販売・物販伝道
（姓名判断・因縁トーク）
家系の不思議
ビデオセンター受講決定
ビデオセンター
家系
霊人体・地獄の実相
善行徳行と神の愛・因縁
神・罪
供養祭献金
（神の実感）
原理講義
復帰歴史
文鮮明を証す
教育部
原理生講義・
初めて集団受講
目標の移し変え
（個人の救済から地上天国の実現へ）
先祖解怨への参加・恨霊の教え
アベル・カインの教え
万物復帰・伝道の教えと実践
報・連・相の実践・隷従させる
統一協会員になる
実践
地域組織に所属
物販伝道への参加
展示会への動員・購入
献金の連続

行の結果が霊人体に反映され、霊人体を成長させる。

ここまでは一般的な常識の範囲内なので、受講生にもすぐ受け入れられます（実は嘘です。統一原理における霊人体を完成させる方法は、物売りをすること、献金をすること、伝道をすることなのですが、この段階で正直に言うと皆やめてしまうので、嘘を言います）。しかし次に、ただし自分の善行徳行だけでは足りないんですよ、と付け加えるのです。善行徳行のほかに、神の愛が霊人体に注がれなければなりません、その2つが相まって霊人体が成長していくんですよ、と。

こうして、霊人体の成長を求める人にとっては、神様ってどんなもの？　いるんだろうか？　ということが問題になっていきます。ついに、受講生がそうであるとは認識できていないまま、宗教への入り口が開かれてしまいました。ここで神について学ぶということは、実は宗教教義・統一原理そのものを学ぶことなのです。けれども、宗教を学ぶという意識も自覚もまったくないまま、「霊人体を成長させるために」神様を学ぶことへと誘導されてしまうわけです。

「神様はいるんですよ、神様というのは先祖をずっとさかのぼった一番先の人で、私たちを生み出してくれた親であり、私たちのために世界万物を作り出してくれた人であり、愛の人であって、唯一絶対であって、なおかつ私たちと同じように、喜びや悲しみの感情や人格を持っている方なんです。だから私たちが問いかければ答えて下さる人なのです」。ある人は、このように教えられたうえで、担当者からは毎日のように「神様はあなたを見ている、あなたを愛している」と言われたそうです。その結果、その人は神様を身近に感じ、その存在を嬉しく思うようになったといいます。この限りでは、やはり何の害もないように思えるので、神様を受け入れるハードルは意外と低いのです。もちろん、ここでいう神様とは統一原理の神であり、旧約聖書のヤハウェのことです。統一原理の神が、統一原理の神であることを何も明らかにしないままに教えられるのです。

統一協会の神は、このようにして神を受け入れ信じた人に対して、実に大きな副作用を「後から」もたらします。実は、統一協会の神は悲しみの神なのです。サタンが人間を奪っていってしまったことに対して手も出せず、何もすることができず、6000年間涙にくれていた神です。したがって、その子どもである私たちは神をなぐさめる者になろう、と統一協会は教えるわけです。こうして「悲しみの神」はもっぱら、統一協会員の献金、無償の貢献を統一協会が得るために利用されることになります。

霊人体の成長のために必要な「神の愛」を求める気持ちが強くて切実であればあるほど、客観的には因果関係がないこと、単なる偶然にすぎない出来事を、神様の働きだと誤解することができるようになるということが、私が長年統一協会の元信者さんの話を聞いての結論です。

(6) 地獄の苦しみを実感させる

神の話と並行して、地獄における苦しみをより具体的でリアルに認識させ、さらに実感を伴ったものに近づけさせていきます。この実感させるということが、統一協会の伝道活動のポイントです。実感によって、迷信であるとか、あるかないかわからないという認識が、現実に存在するものに変わるのです。

この実感のためには、映画を見せます。よく見せるのがアメリカ映画でロビン・ウィリアムズが主演した『奇蹟の輝き』（１９９９年）です。地獄の実相として、首まで泥につかった人々が苦しいよ、苦しいよと叫んでいるシーンがあるこの映画を見せるのです。映画の世界に取り込まれてしまって忘我の状況になる体験をしたことがある人は多くいると思います。そのような映画の持つ力を利用して、地獄の恐ろしさを擬似的に体験させ、実感に近づけていくという操作をするわけです。

(7) 因縁

地獄で苦しんでいる先祖は「生きている霊人体」です。そうした人々は、自分の力では絶対にそこから出ることができません。先祖たちは血縁を通じて、子孫に苦しいから助けてくれというサインを送りますが、悪いことしか起こせません。これが因縁です。このような教え、因縁を実感させるために用いられるのが、家系図を作ることと、それに基づく因縁のトークです。

Ａ子さんの元同僚信者による、「山上容疑者のお母さんにも家系図を書かせた、家系図を書かせて全容を把握して……当時はそういうやり方だった」という言葉が報道されています。

家系図は可能な限りの戸籍謄本・除籍謄本を取らせて、３代前くらいまで作っていきます。そのうえで、各人について亡くなった原因、病気、どんな問題行動があったのか、離再婚の有無、その理由、人格傾向等を詳細に聞き取って、ものすごく細かいメモとともに作り上げていきます。家系図には、多数の幼児の死亡、早死、戦死、病気、離婚、再婚、精神疾患等々、日本中の家族が激動のなかにあった、この約１３０年間が反映されます。そこで、若死している人が多ければ、ご主人が若死したのは家系の因縁のせいだというようなトークをします。自殺している人がいればそれを示して、この先祖も自殺している、家系のなかに因縁があり、ご主人が亡くなったのはその因縁のせいだという具合です。

統一協会は、長男は「打たれやすい」と教えます。霊界からの影響を受けやすいのだと教えるのです。A子さんの弟（長男）は事故死しているので（**資料1**）、長男が早死する因縁があると言われたことでしょう。

統一協会によれば、地獄は6層に分かれています。一番下では色情の罪を犯した人が、下から2番目では自殺した人が苦しんでいます。A子さんの夫は自殺しているので、私が統一協会のトーカーならそのことと関連づけて、長男の脳手術や失明といった不幸は、霊界の下から2番目で苦しむ夫が助けてもらいたくて出した知らせだと言うと思います。その話を現実的なもの、リアルなものとするために、家系図を作らせるのです。なお、映画『八つ墓村』（1977年）を見せられて因縁を実感した人もいます。

私はA子さんの家系の全体像を知りませんが、報道されている範囲だけでも、彼女の身近では3人の方が亡くなっています。霊人体は実在するのだと認識を変えられていることが基礎となり、その3人が皆（実在を実感した）地獄で苦しんでいる、しかも家系図によれば夫の死も因縁のせいであり、その夫による永遠に続く苦しみから助けてほしいとの訴えこそが息子に起きた病気の原因なのだと断定されると、そこまで勉強を続けてきた人がそれらを否定することは困難になります。この時点で、因縁は現実的な脅威として認識されるようになっているはずです。

（8）罪を自覚させる

次に、A子さん本人の罪が自覚させられていくはずです（資料4）。次のような講義をします。

人間というのは本来、成長すれば神のような心を持つようにつくられたもの、それが人間の始祖であるアダムとエバの堕落によって邪心（よこしまな心）を持ったものになってしまい、その邪心に基づく行動が世界を「地上地獄」にしてしまった。あなたにも邪心はある。たとえば殺意、怨み、嫉妬心、ヒステリー、異性に対するみだらな思い、素直になれない、自分としては一生懸命といった思い、自己本位等々。そういったものがあなたには存在する。それが、あなたが罪人である証拠であり、アダムとエバが堕落した原罪の証拠である。

このように講義したうえで、妊娠中絶とか婚前交渉など、すべての罪を詳細に告白させます。なぜこのようなことをさせることができるのかというと、死んだ後40日の間、自分が生まれてから死ぬまでの行いがすべてビデオで撮られていたかのように映し出されると教えられるからです。霊人体に全部記憶されている、だから隠せないんだ、と。加えて、すべてを見通されている存在である神様を信ずるようになっています。これでは、監視カメラが24時間ついているようなものです。さらに、隠していると罪は清算できないと言われます。清算できないと、霊人体が完成しません。だから、全部話すわけです。

統一協会の幹部は、夫の自殺が、A子さんにどのような影響を与えたかに着目したでしょう。報道によれば、A子さんは「（夫は病気ではなく）自殺だったから余計に傷ついたの。辛くて、辛くて……」、「お腹の子も一緒に一家心中まで考えていた」と、その苦しみを語ったとされています。配偶者を自殺で失った場合の自責の思いは、他人が想像もできないほど特別に深いものです。そうしたことを、統一協会幹部はもちろん伝道活動の経験のなかで知っているはずです。したがって、私が統一協会の幹部だったら、A子さんに次のように言ったと思います。

「人間は本来、愛の人格を持つはずであった。ところがアダムとエバの堕落によって邪心を持ってしまった。邪心を持った人間は愛しきることができない、尽くしきることができない、支えきることができない人間になってしまう。原罪を持っているあなたも愛の人格者ではなかった。だから愛をもってご主人を支えきれなかった。あなたのその罪の故に、ご主人は自殺されたのです。そのためにご主人は地獄の深いところ、下から2番目のところで苦しんでおられるのです」。

このように言われたA子さんは、ごめんなさい、あなたを殺してしまったと、とても大きな罪の意識にさいなまれるはずです。A子さんの苦しみはとても深かったのに、さらにあなたは殺人者であると指摘され、強い罪の意識を深めることになったのだと推測します。どれほど絶望させられたことでしょうか。そうした状態にあるA子さんに、別の人間が「救われる道はあるのよ、ここで学び続ければ教えてもらえる」と告げて、偽りの希望を与えるのです。A子さんはその偽りの希望に飛びつくはずです。人間である以上、当然です。深い罪の意識は、贖罪の道が示されれば飛びつくように、人間を支配する力を持っています。こうして、A子さんにとってのビデオセンターは、罪人である自分と家族が救われる方法を知るための場へと転換されます。決して一言一句をおろそかにしないで学ぼうと思ったはずです。この意識の転換も、伝道・教化課程のなかで時期や理由は異なれども、受講生に対して必ず起こされます。

罪の意識をもたされた人は、それが深ければ深いほど、切ない思いで救いを求めます。メシアを渇望するようになります。そこにメシアを与えるわけです。人間を砂漠のなかで水に飢えた状態にしておいてから、水を与えるようなものです。どんな泥水も飲んでしまうでしょう。なお、どのようなトークによっても罪意識をもたせることのできない人は、「卒業」させます。罪意識をもたない人にメシアを受け入れさせることはできないからです。

このように人の罪意識を暴きたて、それを利用して救ってやるとして信者にして、救うための対価として自己破産までの献金をさせ、労働力として使い切ることは、たとえ宗教を名目にしても、絶対に許されないことだと私は信じます。

⑼ 子どもへの責任

A子さんの場合、長男の病状悪化は因縁のせいであり、それについてもあなたの罪が原因なのだと指摘され、あるいは思い至らせられます。自分の責任で長男の病状は悪化したのだと突きつけられることは、母としてどんな思いでしょうか。こうして、自分の命に代えてでも子どもたちを守らなければならない、と思うようにさせられていきます。

時は変わり、献金をさせる場では次のようなトークが行われます。

「救われるためには、先祖とご主人を供養することです。苦しみを理解してあげて、その苦しみを愛の行為によって乗り越えていく、そのことによってご主人と先祖は楽になります。愛の行為、先祖供養のためには献金をしなければなりません。あなたは家系の責任者として、そうしなければならない責任があります」。

このように説いた後で、先祖供養しますかと問い、はいと答えさせます。そこで、勧誘者は祈ってきますと嘘を言って席を立ち、幹部と相談して献金させる額を最終的に決定します。そうして戻ってきて、２０００万円などと告げるのです。

罪についての自責の念が理性的な頭の働きを止めてしまうように、因縁が子どもたちに及ぶという不安や恐怖も同様の力を持ちます。それが自分のせいなのだという思いは責任感をものすごく刺激して、先程述べた「命に代えても」という思いから、お金なんかの問題ではなくなってしまうのです。お金で済むのなら――２０００万円で済むのなら――安いものだと思わされる人もいるでしょう。この心理状況にさせることができれば、学歴や知的能力はもはや問題ではありません。

また、何かの原因でいったんは献金を拒否できたとしても、先に述べたような「因縁についての認識」が植えつけられているので、結局逃れる道はありません。この「認識」は、ある時期、何かに刺激されるとそこから不安を巻き起こさせます。もしも今何もしなかったらどうなるんだろう、何か起きるのではないかという不安です。

不安や恐怖を発生させる力を持つ因縁を実感させられて、記憶として定着させられてしまうと、そうした不安や恐怖は意識の表層部分に常に顕れていなくとも、意識の下層に埋め込まれた状態になります。それが何らかの言葉等で刺激されると、そこから湧き起こる不安や恐怖によって意思決定が歪められてしまうのです。これが、「因縁」の力です。このような認識を人間の意識のなかに埋め込んでいくのが、まさに統一協会の伝道のポイントです。この不安と恐怖を発生させる認識を刺激してやれば、その人を支配することができるようになるのです。

A子さんをめぐる報道では、「預金通帳も供養するからとチェックして、こと細かに事情を聴いて資産状況を知っていた」とされています。どうして財産状態をすべてあからさまに報告してしまうかというと、これも罪の告白と同じで、神を悪用されると隠すことができないからです。こうして、幹部たちはふたたび協議して、今度はこんな理由でいくら献金させようと決め、順次全預金を献金させるわけです。A子さんは、２０００万円の献金の時の反応の良さが「評価」されたのでしょう、次に３０００万円を献金させられ、短い間に５０００万円も献金させられています。

どうして最初の献金でそんな多額を……と思われるかもしれません。実は、この最初の献金は信者にする前の受講生の段階、すなわち統一協会であると告げる前に行わせます。ここで、その人の資力のギリギリまで出し尽くした献金をさせます。払わせる犠牲が大きいことによって、「身近な存在」と教え込まれた唯一絶対の親である神様が働いてくれて因縁が解消できたと信じる誤解が起こる確率が高まるのです。神が応えてくれた、これで大丈夫だ、よかった、という思いにさせます。同時に、その安堵や感激のなかで、神の愛や存在についても「実感」したと誤解させられるのです。

A子さんは、先述のとおり友人に「辛くて、辛くて」と言った後、「でもその分、救われ方も大きかったの」と言ったと報道されています。彼女も、２０００万円、３０００万円の献金によって神の愛を実感させられた可能性があります。なお、最初の献金時に神の愛が実感できなかった人も、その後の過程で人それぞれの形で実感させられます。あくまで意図的に起こされるものなのです。

神を実感させてしまえば、宗教を信じさせたも同じです。このように、統一協会であることを明らかにしないまま教義にもない因縁を悪用して預金のすべてを献金させ、原理の神まで信仰させてしまいます。統一協会は正体を隠したまま、ここまでのことを達成してしまうのです。

(10) 原理講義ビデオ

神の実在を実感させた後、文鮮明が再臨のメシアであることを論証すべく順序だてられた統一原理13巻のビデオを、これも宗教教義であることを明らかにしないまま勉強させます。講義の特徴は、質問を許さず、重要な概念もその内容や根拠を説明しないことです。すなわち理解させるのではなく、暗記してすべてそのまま受け入れること、丸呑みすることを求めます。統一協会員が、統一原理が真理であるとの確信を持つのは、文鮮明を再臨のメシアとして「確信」するからであって、統一原理を論理的に理解するからではありません。

統一原理は総論的部分と、神が意図企画したという人間の復活の歴史の部分から成ります（資料３）。この、人間の復活の歴史という部分が、再臨のメシア（＝文鮮明）が今誕生しているということに直接関わってきます。講義の最後に、人類の救いを神とイエス・キリストから託された再臨のメシアが、今地上に生まれているのです、と告げるのです（資料４）。この時点での受講生は、まだ統一協会の信仰にまでは至っていないにしても、神の実在について信じさせられ、罪の自覚をもたされ、救いの道を求めています。したがって、神が意図した、人間が堕落から復活する歴史の結論であり、原罪を脱がしてくれる唯一の人である「再臨のメシア」の存在を受け入れます。深い罪の意識をもたされていたはずのA子さんも、文鮮明を再臨のメシアとして受け入れたでしょう。

4　教育部に移行

原理講義ビデオの次に、先ほど教え込んだ統一原理を、今度は統一協会の教義であると明らかにして、講師の生講義で受講生の集団に聞かせます。メシアを実感させるための前提知識を、もう一度叩き込むのです。ここで、統一協会員の人生の目標を、自分が天国に行く、自分が救われる、先祖を救うという個人的なレベルのものから、世界万民を救済する、そのために地上天国を作るという大きな、公的な、普遍的なものに移し変えていきます。このような普遍的で大きな目標を掲げているほうが「騙し」が持続するうえ、限度なく献金させたり、献身的に活動させたりすることが可能になるからです。地上天国＝神主権の国を作ることを理由に政治活動もさせることができます。

(1)　先祖解怨と霊体験

文鮮明を再臨のメシアと実感させ、信仰させるためには、韓国の清平で行われる先祖解怨や悪霊を体から追い出すために約1時間体中を手で叩くという儀式が重要な役割を持っています。これは統一協会が「因縁」によって信者とした多数の日本人既婚女性に、合計1000万円を超える献金とひきかえとして、統一原理とは関係なく因縁からの救済の道を与えるとともに、霊を集団的に実感させる場として作り上げたものです。

この儀式ではまず、地獄で首まで泥につかって苦しんでいる先祖を、霊能者が地獄に行って1人1

人探して連れてくるとされています。参加した何百名の人間がじっと待っているところに、その先祖を連れてきます。「今、先祖があなたの右側に座っておられます」というようなことを言います。手を握って下さいと言われて、その先祖に手を握られたという感覚を持ったりする人もいます。清平のホームページには、次のような霊体験が無数に載せられています。

右手を左手でしっかりと握り、祈っていく時、姿はわかりませんが私を右側で囲んで下さるような感じがしました。私によく似たおばあちゃん、いらっしゃいますか？　ご苦労してこられたんですね。長い間、お待たせして、お許しください。会えてとっても嬉しいです。本当につらかったですね。と、言ったとたん、私のようで私でない、私がワッと激しく泣いて、ワッと言ったまま息を吸おうとしても吸うこともできない激しさに、このまま息が止まってしまうのではないかと思ったくらいです。もっともっと手を取って泣いていたかった。

こうして、このような場を与えてくれた文鮮明を再臨のメシアとして強く確信＝実感することになります。

⑵　恨霊

Ａ子さんには５０００万円も献金させて先祖供養させているので、その後も献金させるためには新しい理屈が必要になります。それが恨霊です。

怨念のきわめて強い霊は、その怨念が強いがために霊界に行くことができず、霊界の門がしまった後も地上にさまよっている、さまよって、何かあれば人間に取り憑いて悪いことをさせよう、病気にさせようとしている、そういう恨霊がうようよしている、と説くわけです。人間の不幸や病気はその7〜8割がこの恨霊によって起こされるのだ、とも。

A子さんは「死んだ夫の霊がさまよっていて献金するとしかるべき所におさまる」と話し、夫の兄にも「夫の霊がさまよっているので、お義兄さんも献金して、その霊をおさめて下さい」と言って献金を求めたという、同僚信者の話等が報道されています。

A子さんは、夫は恨霊になって地上をさまよっていると確信していたと思います。A子さんは清平によく行っていたようですが、これは先祖210代を解怨すること、恨霊となった夫をおさめるためだと思われます。長男を清平に連れて行っているのは、長男の体のなかの恨霊を追い出すためです。長男の病気も恨霊のせいと考えるようになっていたのでしょう。

そのように霊を実感させる場である清平に何度も行くなかで、A子さんはとても強く深い霊的体験をされたのではないかと推測します。私がこう考える根拠は、その後のA子さんの統一協会への没入ぶり、献身ぶりがとても深いものだからです。自分の信仰に反することが次々起きるなかで信仰を貫くことは大変なことだろうと思うので、A子さんが体験した霊的体験は、よほど深いのではないかと推測しています。さまよっている夫が悪さをすれば不幸が生まれます。だからなんとしても、夫を落ち着かせ、「しかるべきところにおさ」めなければならないのです。しかし、怨念の強い霊は簡単には処理できない、そのためにはあなたが精誠を尽くさなければならない、より一層献金をしなければならない、ということが言われていたのではないかと推測します。だから、献金から逃れられないのです。実感させられてしまった「さまよっている夫の霊の実在」という認識がゆるまないかぎり、献金から逃れられないのだと思います。

（３）最後に与えられる宗教的実践課題

以上のとおり、先祖解怨念等で文鮮明を再臨のメシアと実感させることができれば、教育としては最後の仕上げです。文鮮明を再臨のメシアと実感させることによって、それまで教えられて暗記させられた統一原理は真理となります。そのなかには、統一原理を離れることは精神的死を意味し、堕落であり、霊人体は成長せず地獄に行くという教えがありますから、地獄を実感させられている統一協会員は、もはやどんな課題を与えられても、地獄への恐怖からこの道を進むことをやめることができない状態にされてしまっています。

統一協会はここで初めて、その本音を受講生に告げます。罪人であるあなたがメシアに救ってもらうためには、その罪のあらわれである堕落性本性（よこしまな心）を自分の心から追い出して、きれいな心にならなければならない。そうでないと文鮮明の祝福＝合同結婚＝救いは受けられない。献金をすること、物売りをすること、そして統一協会員を増やすこと、これが、堕落性を脱ぐための条件だ、と言うのです。それまで教え込まれた統一原理が伏線として用いられているので、「えぇ～っ」と思っても辞めることのできる受講生はおりません。全員これを実践しようとします。

その〝程度〟についても教えられます。すべてのものは神様のものなんですよ、ところがそのすべてのものは、人間がアダムとエバの段階で堕落したことによってサタンの支配下に置かれてしまっている、統一協会員は神の元に万物を返していかなければならない、という理屈です。この万物復帰というのは、神に対する献金をも意味します。自分の物もすべて神様に所有権を返してあげなければならないというわけです。生活はどうするのか。神から一部を分けてもらって行うという精神が大事だとされるので、限度まで献金せざるを得なくなります。

さらに、「限度」で終わらないのです。限界を超えたところに神が働くとされて、献金する財産が無くなった統一協会員には借金が指示されます。クレジット会社、サラ金会社からどんどん借りなさい、と。返せなくなることは最初からわかっています。だから、A子さんを含め、大量の自己破産者が出たと推測されます。

借金もできなくなると、親戚縁者や友人に嘘をついて金を借りさせ、それを献金させます。A子さんも義理の兄に対して何度もアプローチしていたことが報道されています。そうした借金は返させず、踏み倒させます。そのことによって信者の人間関係はすべて切断され、組織に取り込まれてしまうのです。

経済活動とは物売りです。これは命懸けでやれと言われます。万物を創造する時に、神様は全身全霊をかたむけた。その反対のこと――再創造、復帰と言います――を人間がするのだから、やはり全身全霊、命がけでやるべきだと言うのです。さらに伝道の場合には、命がけだけでは足りない、愛を投入せよと言われます。

（４）隷従させる

統一協会が信者に行わせることは、法に反していたり、社会的相当性を逸脱していたり、人情に著しく反していたりします。たとえば、老齢一人暮らしの女性が老後のためと貯めていた金を壺の代金として収奪するようなことをします。情け容赦がなく、普通の人にはとてもできないことですが、統一協会としては、それができるような人間に信者を変えておかなければなりません。そのために、次のようなことが教えられます。

まず、善悪の判断基準を変えます。神を信仰し、メシアを信仰するような状況になれば、神のために行うことはすべて善、メシアのためにおこなうことはすべて善、それ以外のことはすべてサタンのためとなるので悪であると教えます。たとえば親の財布から金を盗んで統一協会に献金をするというような、私たちが常識的に悪として判断することも、神のためなので善なのです。そればかりではありません。「神様は全部見通されている」ので、盗まれた人も神様に献金したことになり、救われるというのです。したがって、それはしなければならないことになります。それをしないあなたは信仰が足りないというわけです。嘘をついての勧誘や物売り、嫌がらせの電話など、すべての反社会的な行為は神のため、メシアのためであり、統一協会員にとっては善なので、やらなければなりません。そういう世界を生きているのです。

こうしたことに加えて、統一協会員をさらに組織に隷属させ、奴隷にする必要があります。判断基準を変えていても、人間の心に根ざしている倫理観というのは、とても強力なものです。その倫理観を押さえ込んで、法や人情に反することを行わせるためには、言われたことを反射的に実行する人間にしなければなりません。そのために「アベル・カインの教え」を教えます。

「アベル・カインの教え」とは、エバとアダムの子どもであるアベルとカインのうち、カインがアベルを殺してしまった。そのような殺人が発生しないためには、カインがアベルに対して徹底的に服従し、従属し、侍らなければならなかった。ところがカインはそれに反して、アベルを殺してしまった。だからこそ、アダム家庭の摂理は失敗した、というものです。これを統一協会に置き替えると、宗教的上位者がアベルであり、宗教的下位者はカインとなります。

カインはアベルの言うことに絶対服従せねばならない、ということの教えを頭で理解しているだけでは不十分です。それを血肉化させるために、統一協会のアベルは、毎日、カインに報告・連絡・相談をさせます。やがて、カインの行動はすべてアベルによって規制されていき、自分の頭で考えることを禁じていきます。

こうして、やれと言われたらやるという人間になっていきます。だから、反社会的行為も正しいこととして行われるのです。

5　統一協会員になっての活動と心理

さて、A子さんは統一協会員になりました。ということは、以上に述べたような統一原理が、A子さんの判断基準とされた状態になったのであり、A子さんの意思決定が統一原理に基づいて行われるようになったということです。では、どのような判断をするのでしょうか？

「一戸建てのご自宅には、統一教会の壺だけで3つか4つはありました。他にも数珠、印鑑、多宝塔に、1冊何百万円というような本などが山のように。時の宴ペンダント、ぶどうの実ペンダントなど1個何百万円もするようなものも並んでいました」という元同僚信者の話が報道されています。これらの商品は統一協会が経済活動として売っているものですから、率先して買わなければなりません。そしてA子さんは新たなお客さんを見つけてきて、それらを売らなければならない立場です。それが十分できない時などに、自分で買うという事態が発生します。統一協会員として命懸けで経済活動をしなければならないのですから当然のことなのです。

その原資は自己資金が枯渇したならば、父が創業し、自分がその当時経営している会社の資金ということになるでしょう。これも、統一協会員にとっては正しいことです。会社のためになることであり、ひいては父のためにもなることなのです。さまよっている夫に落ち着いてもらうためにも必要です。だから、父の名義の不動産を売って献金することも「正しい」ことです。

そのため、次のような事態が発生します。「70を超えてバブル崩壊に苦しむ祖父は母に怒り狂った、いや絶望したと言う方が正しい。包丁を持ち出したのその時だ」（原文ママ、山上容疑者のツイッターより）。A子さんは、子どもたちの命を守るためには、自分の命をかける覚悟だったのでしょう。だから、包丁にも動じず、統一協会員であり続けています。

こうして、山上容疑者の祖父は失意のなかで亡くなります。「これまで祖父の目を盗んで金を統一教会に流していた母を咎める者はもういない。すべてを手にした母は、韓国人が選民と信じる者にしか存在しない対価と引き換えにすべてを引き渡し、そして言った。『祖父の会社に負債があった』

と」（山上容疑者のツイッターより）。負債があったというのは嘘なのでしょう。しかし、嘘をつくとも、サタンとの闘いにおいては知恵を使っているとされ、正しく当然なことなのです。

以上のことは、すべて統一協会の幹部の指示によって行われたことです。アベル・カインの関係から、A子さんが単独で行うことはありえません。A子さんは大変悩まれたと思いますが、夫を落ち着かせなければならないという恐怖、霊界や堕落への恐怖、幹部からの時には厳しい指示などから、その悩みを乗り越えさせられたはずです。

A子さんの活動の状況について、元同僚信者が「統一教会の信者獲得で奈良市内をまわっていました。個別で家を回って食品を売るような活動にも参加していました。その頃は毎日、統一教会の活動で一日を費やしていたように思います」と述べたことが報道されています。当時の伝道活動は、物品の販売名目での訪問に始まりました。そのほうが広い層に接触でき、そこでのトークで勧誘対象かどうかを見極めることができるからです。先述の通り、この活動は命がけ、かつ愛を込めて行われます。そうしなければ自分も家族も救われないため、A子さんも頑張っていたのです。

同じ報道のなかで、「幹部は資産があるお母様を頼るのです。それが幹部の出世につながる。お母様は、最後、統一教会に言われて消費者金融にまで手を出して破産したと聞きました。それでも信仰を続けました」との言葉もありました。自己資金がなくなるとサラ金からの借金までさせられます。サラ金から借金することは普通の人にはとても大変なことですから、A子さんは抵抗したと思いますが、これも乗り越えさせられたはずです。A子さんは先述の通り、弁護士である夫の兄のところにも献金を求めに行っています。これも悩んだと思いますが、幹部に指示された統一協会員としてはやらねばならぬことです。むしろ、お義兄さんの救いのためにもしなければならないことでした。

A子さんは、山上容疑者が自殺未遂を起こした時、清平での40日間の修練会に行っていて、すぐに帰ってこなかったと報道されています。私はA子さんに母としての情愛がなかったとは思いません。それは人間である以上、誰もが持っています。ただ、その情愛を押し殺してしまうほど、強く強く統一原理がA子さんの頭を支配していたのだと思います。今ここで先祖を解怨すること、恨霊となった夫を落ち着かせること、それが、息子が生きるためにもっとも必要なことだ、私の使命はそうすることによって息子たちを守ることだ、それは私以外にできないことなのだ、という考えに支配されていたということです。だから、心で泣いていながらも帰ることはできなかったのだと思います。

このことによって、A子さんは山上容疑者との絆を決定的に傷つけてしまうという大きな代価を払ってしまいました。悲しい思いをされたと思います。でもきっと、こう言って自分をなぐさめているはずです。「今はわかってもらえなくても、霊界に行けばきっとわかってもらえる、感謝してもらえる」。こういった心理状態を理解することがすごく大事です。それができれば、霊界のことを第一に生きている統一協会員の気持ちを、もっとわかってあげられるのではないかと思います。

A子さんは、事件に関しては、統一協会に申し訳ないと言っているとのことです。A子さんにとっては、統一協会の存続、栄誉が第一の問題なのです。統一協会だけが、この世で唯一神の立場に立っているのであり、世界とA子さんの家族の救いのために、絶対に必要不可欠のものだからです。統一協会は、罪深い自分を救ってくださる唯一のかけがえのない存在ということになっているわけです。

1億円も献金しているのになぜ、と思われるかもしれません。しかし献金も物売りも伝道も、すべて自己責任なのです。すべては自分が自分の心を清いものに変えて、救ってもらうためのことであり、文鮮明はあくまでも、救ってやるための道を示してあげているだけの立場なのです。救われる道を歩むのはお前たち、歩んできたら助けてやろう、と。では、神様はなにをしてくれるのかというと、先述したとおり、神様は悲しんでいるだけです。人間の成長の過程には、神様は手を出すことができないのだそうです。こうして、統一協会の道を歩むのは信者1人1人の自己責任となります。

A子さんの「信仰を続けたい」という思いは、そうでなければ自分も家族も救われないと信じさせられているからです。山上容疑者による事件が起きてしまったのも、すべて自分の信仰が不足していたから、私の家系の因縁はそれほど深いのだと考えているからです。だから、申し訳ない。私の信仰が不足しているために、統一協会に迷惑をかけてしまっているわけです。加えて、ここまでの犠牲を払っているのですから今さらやめられません。必死になって邪心を洗い流すための努力を積み上げてきたにもかかわらず、やめればすべて無となり、自分は地獄に行くのです。そして、地獄に行ったら先祖にこう言われるのだそうです。「救われる道がわかっていたのに、あのくらいでなぜ途中であきらめたのだ。その結果、俺たちまで救われないではないか」と。

このような実践を積み重ねていくわけですから、統一協会をやめた後に私たちのところに裁判をやりたいと言ってくる方はほんの一部です。皆さん、自分の責任なんだ、この道を歩けなかったのは自分の弱さの故だ、と思っているから、統一協会を訴えるなんてことは頭に浮かびません。そこまで支配されているのです。

だからといってA子さんに人間としての情愛や知性がなくなっているわけではありません。頭を支配している統一原理が真理でないとわかれば、Ａ子さんが本来持っている人間らしさが回復してくると思います。人間にはそういった回復力があります。統一協会は元統一協会員の一部の人を指して「拉致監禁による脱会者」と言ったりしますが、私はそういった人も含めてたくさんの人を原告にして裁判をやってきました。そのような人たちも全員、今は普通の市民として生活しています。かつての若者だった人たちは結婚して子どもができて、育てて、お父さん、お母さんを介護して、中年になって、という人生を一生懸命に送っています。Ａ子さんも、統一原理の縛りと霊や地獄のもたらす恐怖心から脱却できれば、そうした普通の生活を取り戻せると信じています。統一原理に頭を支配されている以外は、私たちと何の変わりもない方なのです。

ここで私が言いたいことは、統一協会の伝道・教化活動は、国民の信教の自由を侵害するものであるということです。私は、Ａ子さんは統一協会によって信教の自由を侵害され、その状態が現在も継続している被害者であると考えています。この点について、札幌地方裁判所２０１４年３月24日判決は次のように判決しています。

「統一協会が信教の自由を有しており、その伝道・教化活動もその信教の自由の一環であるとしても、対象者も信教の自由、すなわち、当該宗教に帰依するか否かを選択する自由を有しているのであり、対象者のこの信教の自由を侵害する方法による伝道・教化活動は許されないのは当然である」
（同事件判決１３２〜１３３頁）

6　元の自己に戻るには

以上のとおりの認識から、私は、統一協会からの脱会を援助することは、侵害されている信仰の自由の回復を助けることだと思っています。あくまで、助けることです。回復するのは本人自身です。では、どうすれば本来の自己に戻ることができるのでしょうか。これは個々人によって対応が異なることであり、私はこの点の専門家ではないので、一般論を述べます。

まず、論理や常識で、あるいは権威で説得しようとしても意味がありません。親戚である俺の話なら聞くだろう、なんていうのは全然ダメです。ここまでにご説明した統一協会員の「確信」は、論理的な確信ではないのです。「私は神を実感した、メシアを実感した。メシアを実感したのは統一原理を学んだからだ、だから統一原理は真理だ」だということなのです。加えて命を懸けて実践をやってきたという自負があります。これは、論理や常識による説得によって解きほぐされる問題ではありません。何より、霊界＝あの世の実在を信じ、この世ではなくあの世で幸せに生きることを第一に願っています。この部分を理解することがとても大事です。

では、どうすればいいのか。

統一協会員は、自分の頭で考えることを禁止されています。ですから、まずは自分の頭で考えるようになる必要があります。自分の頭で考えることへの最大の妨害は、先述した「アベル」への日常的な報告・連絡・相談体制です。だから、統一協会との連絡がつかない環境に身をおくことや、本人が自分の意思で連絡を断つことが必要です。支えてくれる家族がいれば、家庭に居ながらでも、本人が統一協会と連絡しないことで自分の頭で考え始め、時間はかかりますが、統一協会の呪縛から次第に離れることができるということを、いくつか体験してきました。

「声をかける」ということに対する私の基本的な考えは次のようなことです。強い信念を持った人が自分の頭で考えてみようと思えるきっかけは、その信念にゆらぎを感じている時に、親愛な関係を形成している第三者からの愛情のこもった、ストレートではない一言、二言の声かけにあると思っています。もっとも重要なのは愛です。その人のこと、その人生を本当に考えているという、親としての愛、兄弟としての愛、夫としての愛、妻としての愛がその人に響いた時、伝わった時、統一協会員はメシアの愛という偽りの愛に気づいて、本当の愛に力を得て、自分の頭で考え始めるようになります。私は話に聞くだけで残念ながら立ち会ったことがありませんが、この場面は、人間の変化においてもっとも感動的な変化のひとつだといいます。

統一原理には、嘘をついて物を売ることが買う人の救いになるのだという教えがあるわけです。その誤りには比較的早く気づくと思います。そうしたレベルのものですから、援助を受けることが必要な場合が多く、また援助を受けた方が早いのですが、自分の頭で考えることができれば、統一原理の誤りにも気づいていけると思います。

誤りに気づいた後で問題になるのが、自分はなぜ統一協会に入ってしまったのかという経過の理解です。私はなんて馬鹿なことを信じてしてしまったのか、という思いが出てきます。この経過の理解のためには、先に脱会した体験者の話を聞くことがとても大事です。「うわあ、自分とまったく同じだ、同じことをされていたんだ」と思えるからです。

そして最後に問題になるのは、被害者が「実感」させられた神やメシア、地獄、サタン、悪霊といった存在だと思います。これらは、やめようと考えると不安や恐怖を発生させて妨害してきます。この不安や恐怖は統一協会員にとってはリアルなものですから、その実感をゆるめてあげることが必要なのだと思います。実感をゆるめないで放置していると、ある時、何か悪いことが起きた際などに、不安になって統一協会に戻っていってしまいます。この実感をゆるめるというのは、専門家が必要なところだろうと思いますが、どんな方法があるのか私もよくわかりません。

7 統一協会と政治

最後に、統一協会と政治の関わりについてご説明します。「万物は神のものであるにもかかわらず、それがサタンに奪われている」というのが統一協会の教えです。国家主権も万物の一つなのです。本来は神様が国家の主権を持っているはずなのに、人間の堕落によってサタン主権の国家になってしまったというのです。したがって、サタン主権の日本を神主権の日本に変えていかなければなりません。神主権の国家とはすなわち、「地上天国」を指します。人間が神のように成長して、この地上天国で生活をして、死んだら天上天国で生活をするようになるというのです。この、サタン主権の国家を神主権の国家に変えて地上天国にしていくというのが、統一協会と統一協会員の宗教的＝政治的目標です。宗教的目標ですから、自分と世界万民が救われるために、必ずやらなくてはならないものです

す。

神主権の国家の具体的な姿は、統一協会がつくった「天宙平和統一国（天一国）」という「国」からもわかります。「天一国」とは、文鮮明が王様の国です（**資料5**）。民主的な日本が変革されて、王様である文鮮明・韓鶴子に国民が全員ひれ伏すような国のことです。そうした国をつくることが政治目標であり、宗教的な目標であり、そのために数十年間営々と統一協会員は努力を重ねているのです。神主権の国家をただちに、とその目的を明らかにしてもうまくいかないので、それを隠して統一原理の思想に似たところのある政治家に接近し一緒に力を強めていって、国家主権を握っていくというイメージです。したがって、特に自民党のなかの勝共議員などに対しては、選挙のたびに無償のサービスを提供し、見返りとして研修会に参加させるなどして、考え方を次第に変えていこうとしているのだと思います。

そうした働きかけによって、議員が統一協会の集会に挨拶に来たりします。そうしたことが、統一協会のなかでは「ほら、地上天国の建設が進んでいるでしょ」、「神主権の国家が作り始められているでしょ」、「だから、献金をしなければいけないよ」、「だから、〇〇しなければいけないよ」、「もっともっと頑張ろうね」などと言われ、利用されたのではないのかと思います。

統一協会はそうした政治目標＝宗教目標を持った存在であり、その意図を隠して、指令に従う統一協会員とお金という武器を使って、自民党ひいては国家の中枢に食い込んでいこうとしているというのが現実です。日本の政治家は、国民のためにもっともっと警戒をしなければならないと思います。

資料5

● 2003年2月6日　天宙・天地真の父母様平和統一祝福家庭王即位式

この30年間で、自民党は大変な状況になってしまいました。元総裁は統一協会の票を差配して、集会にはビデオメッセージの挨拶を送り、政調会長は「神様の国を作るためにともに頑張りましょう」と呼びかけるという状態です。

おわりに

最後に、もう一度**資料１**を見てください。これはA子さんが正体を隠した勧誘を受けた頃の家系図です。次に、**資料６**を見てください。これは最近の家系図です。この間、約30年です。A子さんの父は失意のなかで亡くなりました。ご長男も自殺しています。統一協会の影響がとても大きいと思います。安倍元首相が次男、山上容疑者によって殺されました。次男の人生も破滅させられました。この家にあった財産のすべては、統一協会に収奪されています。

このような惨状の原因は、統一協会にあると私は思います。そのことは、ここまでの話でご理解いただけたのではないかと思います。そして、A子さんが勧誘を受けた当時、正体を隠した伝道活動が何らかの方法で禁じられていれば、たったそれだけのことで、このような悲劇は起こらなかったことは明らかなのです。

私を含め私たちの社会は、とても不十分なところがあったのだと反省しないわけにはいかないと思います。

資料6

A子さんの現在の家族関係図（報道による）
（カッコ内の年齢はA子さんの年齢）

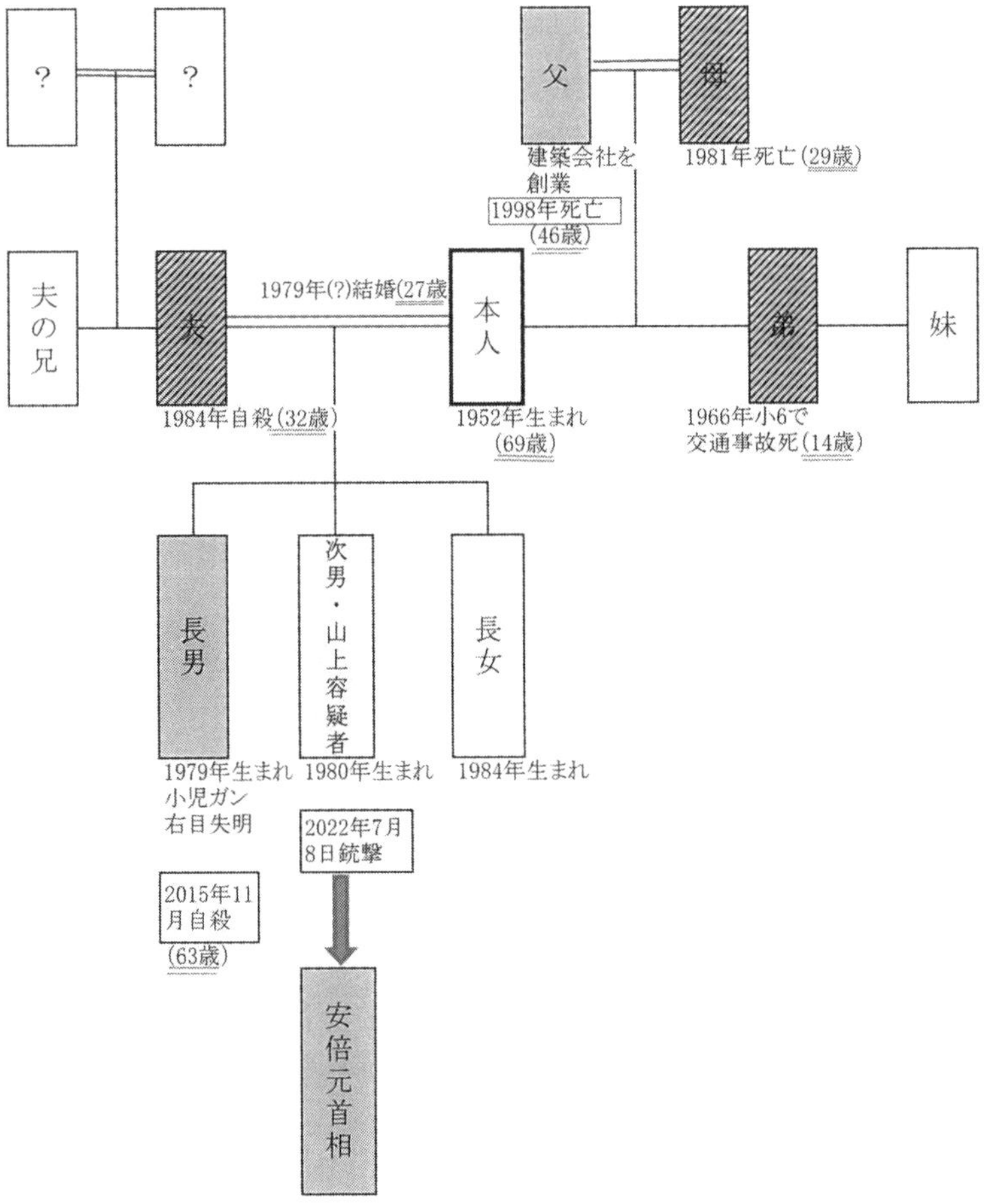

【質疑応答】

1．信仰を利用して犯罪行為をするような反社会的集団としてのカルトを法規制することは必要だとお考えですか？　それに関連して、相手の弱い立場を利用して、あるいは相手を正常な判断ができないような立場に追いやって、そうした状況を利用して危害をもたらすようなことへの法規制は必要でしょうか？　必要だとすれば、どういう形が考えられますか？

私は、カルトを規制するのは難しいのではないかと思っています。カルトを定義するのはとても難しくて、それだけでも議論が百出してまとまらないというのが実状ではないのかなと思います。したがって、私は視点を変える必要があると思っています。国民の信教の自由、すなわち自主的に信仰を選択することができる権利、その自由がどのようにすれば守られるか、という視点で考えていく必要があるのではないか、と。

たとえば「正体を隠した伝道」など伝道・教化の手法を、勧誘を受ける側である国民の立場から見て、その信教の自由を侵害するおそれがあるかという側面から考えていきます。そうすると、おそれがあるとされる項目がいくつか浮かびあがってくるだろうと思います。それらを、この団体についてはこのような項目において信教の自由の侵害につながっている、だからこれをやってはいけないと考えていけばいいのではないでしょうか。その項目は、各団体で違ってくるのではないかと思います。

私は民事の裁判を30年以上闘うなかで、裁判の規範や基準としてそういったものが成立して、その結果国民の権利が守られていくことを願ってきました。しかし、それではあまりにも犠牲が大きすぎたのかもしれません。統一協会の場合にはどのような問題となる項目が挙げられるのか、どのような法的な基準が考えられるのかについては、『世界』（２０２２年10月号）の拙稿もご参照ください。現在の事態を契機に法規制という方向の議論が生まれてきていると感じますが、法規制にするのか各団体の自主規制とするのか、どのレベルで規制するのか、規制の形は国民の議論のなかでまとめていければいいと思っています。

2．安倍元首相の国葬が予定されていますが、この国葬が実施されるということについて、統一協会はどのように位置づけ、今後の伝道に利用すると考えられますか？

韓国の統一協会が行った集会において、安倍元首相に対して参加者全員が弔意をあらわすといった儀式がすでに執り行われたとの報道があったかと思います。国葬についても、それを積極的に支持し、それに参加していくという立場ではないかと推測しますが、どのように伝道に利用するかということの想定は難しいです。

3．親が統一協会のような宗教にのめりこんだ場合に、家庭のなかでどういうことが起こるのか、郷路先生は2世問題をどうお考えですか？

私はこの問題の専門家ではありませんし、児童虐待などにも取り組めていません。したがって、2世の問題には直接的には関わっていないのですが、私のやっている仕事との関係からお答えします。

親＝1世が統一協会による違法な伝道・教化を受けて統一原理が真理であると「確信」した結果、親は献金をしたのと同じように、統一原理に基づいて子どもを養育しようとします。統一原理を真理と確信することは、人間の価値観の全領域にまたがる広範な価値観の変換を伴うものですから、子育てにももろに影響します。

具体的には、子どもにも統一原理を実践させるため、親の価値観を極めて強固に押しつけることになります。たとえば、合同結婚式を受けさせねば「救われない」として、恋をしてはならないという規範が押しつけられます。一方で、統一原理を実践するために親の日常はものすごく忙しくなります。韓国に何十日も行ってしまうこともありますから、ネグレクトに近いことが発生します。

こうした結果、2世問題と言われる問題が発生するのだと思います。2世がその被害を回復するにあたっては、難しいことですが、親も自分も、ともに被害者なのだという視点に一緒に立つことができればよいと私は考えています。そうすれば、統一協会に対して責任を問うことができる可能性が生まれてくると思っています。統一協会員が統一原理を実践する場合、その人本来の意思は統一原理によって阻害されているというのが私の立場です。2世問題についても、統一原理によって、ということは法的には統一協会によって、子育てが行われたのだと言い得ると考えています。弁護士さんからはそのような理屈を裁判所がとるわけがないと言われると思うのですが、私はこの考え方以外に道はないのではないかと思っています。

4．40年近くにわたって統一協会の問題に奮闘されてきた情熱はどこから湧いてきたのでしょうか。そのきっかけが何だったのでしょうか。

霊感商法の加害者とされてしまった女性の涙の訴えを聞いて、被害者であるだけではなく加害者にもしてしまうのだ、加害の苦しみでも苦しめられるのだと知り、「悪魔のような組織だ」、「許されない」と思ったのです。それで5年か10年は走れたと思います。その後は、統一協会が人をどうやって変えていくのだろうかということに興味を持ちました。あんなメチャメチャなことを信じて、しかも自分の人生をすべて犠牲にするような人間がどうして生まれるのだろうか、と。私は統一協会をやめた、いわゆる元信者に会う機会がありますが、皆さん普通の人です。だからこそ、どうしてという部分がわからなくて、そこを解き明かしたいと思いました。いろいろ考えると、夜も眠れませんでしたが、おかげで人間に対する洞察力が深くなったと思います。学ばせてもらいました。

歳をとってきてからは、少しでもいい社会を次の世代に渡したいという気持ちが励みになっています。「こんなことはやっちゃだめだ」ということが当たり前になる世界を作って次の世代に渡してあげることができたらいいなという思いが、やりがいになっているのかなと思います。

5．統一協会の被害をこれ以上広げないために、特に伝えたいことはありますか？

マスコミの持っている力はとても大きいです。監視能力を高めて、アンテナを張っていただいて、調査して報道していただきたいと思っています。

１人１人の個人がどうしなければいけないかという注意点は、既に各所で言われているとおりです。誰かに相談しなさいとか、こういうこと言われたら怪しいよとか、そういうことです。それに加えて私が言うとすれば、自分がどのようなタイプの怖さに反応しやすいのか知っておいた方がいいということです。たとえば「地獄」とか「お岩さん」とかそういったものに怖さを感じるタイプだなと思ったら、関連するようなところには近づかないようにする、あるいは勉強をしてバリアを構築していくことをおすすめします。

実は私は、ヤクザという稼業の方と交渉したことがあります。小太りで、まったく怖くないタイプの人でした。でも、交渉のなかで「あること」を言われたのです。そうしたら私の心のなかに不安がわき上がってきて、結局、交渉は彼の言うままに妥結されてしまいました。その時は、私はこういったことに弱いのだなと思いました。それで、ヤクザの本を買って、ヤクザについて一生懸命勉強しました。耐性をつけておこうと思って。

脅さなくても恐怖や不安は喚起させることができます。そうやって不安を喚起させて、希望を与えるのが統一協会のやり方です。いったん不安が喚起させられてしまうと、なかなか難しい立場に陥ります。私は、人間それぞれ想像力をかきたてられて怖さを感ずる対象が違っていると思います。自分は何に弱いのかということを知って、それについて対応することができれば、統一協会のようなやり方にも対抗できると思っています。

第2章　宗教カルトの何が違法なのか——統一協会の伝道・教化をめぐって

（本章は「宗教カルトの何が違法なのか——統一協会の伝道・教化をめぐって」『世界』2022年10月号、岩波書店を再収録したものである）

世界平和統一家庭連合（旧名称　世界基督教統一神霊協会、以下「統一協会」）の伝道・教化活動が国民の信教の自由を侵害するもので違法であることについて、違法性の根拠となる事実とそこから導かれる基準を示しつつ、山上徹也容疑者の母親（以下「A子さん」）について報道されている事実も対象にしながら、論じていきたい。

私の認識は、統一協会を被告とする、元信者の信教の自由が侵害されたと主張する訴訟の中で次第に形成されてきたものであり、違法性の根拠となる事実と基準が機能する場として考えていたのは、民事訴訟である。今回、山上徹也容疑者による安倍元首相銃撃殺人事件という衝撃を前に、社会が再発防止策を求めていると考え、公表することとした。以下は、同様の実態を持つものであれば、他の宗教団体等に対しても適用しうるものであると考えている。

基本的視点

統一協会の伝道・教化活動の違法性を考える場合、保護されるべき法益を特定することが重要である。

最重要の法益は、伝道される側である国民の信教の自由である。それが統一協会の伝道・教化活動によって侵害されていないかどうかという視点が必要である。国民が、信教の自由、すなわち宗教上の自己決定権を、そのもっとも基本的で重要な内心の権利として保障されていることは明らかであって、それを侵害する伝道・教化活動が認められるはずはない。以下の判決のとおりである。

統一協会が信教の自由を有しており、その伝道・教化活動もその信教の自由の一環であるとしても、対象者も信教の自由、すなわち当該宗教に帰依するか否かを選択する自由を有しているのであり、対象者のこの信教の自由を侵害する方法による伝道・教化活動は許されないのは当然である。（札幌地方裁判所二〇一四年三月二四日判決、一三二一〜一三三三頁）

違法性の根拠となる事実と基準

第１　伝道目的の活動であることの明示

宗教団体の伝道活動は、特定の宗教団体の伝道活動であることを明らかにしておこなわなければならないとすべきである。

たとえば、「家庭連合」である、というだけでは不十分である。名称の開示だけでは、それが宗教団体であることさえ不明なものがある。伝道目的の勧誘であることが明示されていれば、判断のために十分な情報が与えられたと言える。そうでない場合は、極めて重要な事項について、判断の誤りを犯させられる可能性がある。

なぜ、伝道目的の勧誘であることを開示すべきなのか。宗教とは超自然的事象への非合理的な確信をその本質とするものであり、その信仰の度合いによっては、どのような論理的説得によっても、その道から離脱することができなくなる可能性を秘めているからである。したがって、最初の決定が極めて重要なのである。そして、宗教上の信仰の選択は、信じさせられる教義の内容によっては、その人の人生そのものに不可逆的な影響力をおよぼす、まことに重大なものだからである。以下の判示のとおりである。

宗教上の教義の場合には、一般的には、超自然的事象に対する非科学的、非合理的な確信に由来する信仰に基づくものであると考えられるため、その学習段階によっては、自らはもとより第三者からの批判的検討によっても、その科学的論理的な誤謬を指摘することが極めて困難であるばかりか、被告協会のそれのように、宗教教義からの離脱を図ること自体が罪悪であるとの教義を内包している場合には、その教義そのものがそれからの離脱を阻止する心理的に強度なくびきとなって、より一層、その教義への傾倒を断ち切り難い場合が生じるものと考えられる。

……

宗教上の信仰の選択は、単なる一時的単発的な商品の購入、サービスの享受とは異なり、その者の人生そのものに決定的かつ不可逆的な影響力をおよぼす可能性を秘めた誠に重大なものであって、そのような内心の自由に関わる重大な意思決定に不当な影響力を行使しようとする行為は、自らの生き方を主体的に追求し決定する自由を妨げるものとして、許されないといわなければならない。

（札幌地方裁判所二〇〇一年六月二九日判決、五〇一頁）

A子さんについても、伝道の当初、統一協会の伝道活動であることを伝えられていなかったことは間違いない。統一協会の伝道活動であることが明示されていれば、A子さんが勧誘を承諾することはなかったはずである。大学生活を経験しているA子さんが統一協会や霊感商法について、知らなかったはずがないからである。

第２　他の宗教の教義で伝道すべきではない

宗教団体の伝道・教化活動では、自己の宗教教義にはない他の宗教の概念を悪用して伝道をおこなうべきではないとすべきである。

統一協会は、四柱推命、姓名判断および手相等の運勢鑑定によって因縁の存在を指摘することを伝道の端緒におこない、家系図を、因縁を実感させるための道具として用いてきた。そして、教義にはない先祖因縁、先祖供養を、既婚女性用のビデオセンターの前半部分で、もっとも主要なテーマとして教え込んでいた。この前半部分とは、「先祖供養祭献金」と称し、受講生の家庭の預貯金のすべてを献金させることが意図されているところまでである。その間、統一原理の薄められたものも教えられる。特に神については、先祖供養祭において、因縁の解消を原理の神に願わせるために講義もし、神を身近に感じさせる操作もおこなわれる。そして、人間の堕落と罪についても教えられる。しかし、この段階での教えの中核は、統一原理にはない、「地獄で苦しむ先祖の因縁が現在の家族に危害をもたらしている」ということを信じさせ、それを実感させることであり、その対策として、これも教義にはない、先祖供養をしなければならないと信じさせることである。

A子さんの場合にも、それがおこなわれたことは間違いない。元同僚信者が、「家系図を書かせて全容を把握」（AERAdot.二〇二二年七月一三日）したと述べていたこと、A子さんが「統一協会の教えを守って、ご先祖様を供養したい」（同二〇二二年七月一六日）と述べていたことが報道されているからである。

既婚女性用のビデオセンターの前半部分では、まず、九九・九パーセントの先祖が地獄にいるのだと教えられる。先祖は地獄で、顔のところまで泥水につかっていて、苦しいよう、苦しいようと、助けを求めている状態なのだという。地獄は、いったんそこに入ってしまえば、自力では永遠に出ることができない。そのため苦しんでいる先祖は、血縁を通じて自分の子孫に助けを求めるのである。ところが、助けを求めたことが、子孫に対してはすべて悪いことになってあらわれてしまう。したがって、家族は不幸になり、家運は傾いていくのだ、と教える。

統一協会は戸籍が残っているかぎりの家系図をつくる。そこに死因等を書き加えてゆく。そうすると類似の例を発見することは困難ではないのであって、たとえば、自殺をしている先祖がいた場合などには、夫の自殺を先祖の因縁のせいだといい、早死にした先祖が数名いた場合には、早死にする因縁が家系のクセとして存在し、その影響で夫が死んだと説明する。そのことによって、夫の自殺について自責の念に苦しめられていたであろうA子さんの心の負担を軽くして、家系における因縁の存在を受け入れさせた可能性がある。

さらに長男は家系の影響を受けやすいと教える。A子さんの長男も大きな病気を患っている。A子さんの弟は、A子さん一家にとっては長男である。その長男は交通事故で亡くなっている。したがって、家系的に長男が立たない、早死にする因縁があるとも言われたであろう。その原因を因縁によっ

愛読者カード

このたびは小社の本をお買い上げ頂き、ありがとうございます。今後の企画の参考とさせて頂きますのでお手数ですが、ご記入の上お送り下さい。

書 名

本書についてのご感想をお聞かせ下さい。また、今後の出版物についてのご意見などを、お寄せ下さい。

◎購読注文書◎

ご注文日　　年　　月　　日

書　名	冊　数

郵 便 は が き

料金受取人払郵便

神田局
承認

7008

差出有効期間
2024年4月
30日まで

101－8791

507

東京都千代田区西神田
2-5-11出版輸送ビル2F

㈱花 伝 社 行

お名前《ふりがな》 お電話
ご住所（〒　　　　　　　　） （送り先）

◎新しい読者をご紹介ください。

お名前《ふりがな》 お電話
ご住所（〒　　　　　　　　） （送り先）

て示す。自殺した夫が地獄の底から二番目のところにいて、苦しみを訴えている、その訴えが長男の大病の原因なのだと。

もちろん、そのように言われても、迷信に過ぎないと考え、何の不安も抱かない人もいるだろう。しかし、不安を抱く人もいるのである。それは人それぞれの個性のゆえである。不安を抱かない人は、統一協会は伝道課程から「卒業させる」ので、統一協会員にはならない。

因縁の「実在」を実感させることができれば、その人の意思決定を支配することができる。拒んだらどうなるだろうと恐怖心を発生させ、因縁を解消するための行動を選択させる認識だからである。因縁を清算するために○○が必要と言われた場合、もはやそれを拒否する自由はない。

A子さんに対する「教育」は、さらに、夫の自殺を理由にA子さんが罪人であることを自覚するよう迫るはずである。罪の自覚は、統一協会員にするために決定的に重要なことである。原罪を脱がせてくれる「メシア」を受け入れるか、受け入れないかに直接関わってくることで、罪意識が深ければ深いほど、より強くメシアを求めるものだからである。

A子さんは、友人に対して、「(夫は病死ではなく) 自殺だったから余計に傷ついたの、辛くて、辛くて……」と述べていたと報道されている（『週刊文春』二〇二二年七月二八号）。「お腹の子も一緒に一家心中まで考えていた」とも報じられている（『文藝春秋』二〇二二年九月特別号）。そのとおりの気持ちであっただろう。自殺の場合、遺された者にどれほどの心の傷をもたらすものであるか、体験がない者にとっては、窺うことのむずかしいほどのものであると思う。

統一協会のトーカーは、A子さんに対して次のように言ったであろう。

「人間は本来、神のように真の愛で人に尽くすことのできる存在になるはずだったが、アダムとエバの堕落によって邪心を持つようになり、愛し抜くこと、尽くし抜くことができなくなってしまった。あなたも、ご主人を愛し抜き、尽くし抜き、支え抜くことができなかった。その結果、ご主人は自殺せざるを得なかったのだ。ご主人が亡くなったのは、あなたの罪ゆえなのです」と。

そのトークは、A子さんに対し大きな衝撃力をもったことであろう。どうすることもできない絶望に陥れられたのではないかと思われる。統一協会はしかしそこで放置はしない。別の役割の人間が、「でも大丈夫、ここで学べば救われる方法がわかります」と言って、ここでの学びに拘束していくのである。このことによって、ビデオセンターでの学びに対するA子さんの姿勢が転換されたと思う。一語一句聞き漏らすまい、すべてを吸収しようというように。あるいは、信じ切っていこうというまでに。この転換は、人によって発生する時期は違うが、統一協会の伝道・教化課程では、意図的におこされることとなのである。

そのような状態にしたうえで、献金をさせるための「教育」を追加し、献金をさせるトークをする。「あなたの罪のために自殺したご主人が、地獄の下から二番目のところにいて苦しんでいる、その苦しみを解決してほしい、助けてほしいと救いを求めている結果、長男の小児ガンの症状が悪化した。だから、長男の病状悪化はあなたのせいだ。あなたには、このような家系の困難を救う中心人物としての使命がある、あなたしかできない。だから、愛の限りを尽くして、誠を尽くして、ご主人を含めた先祖の供養をしなければならない」と。A子さんに先祖供養をしますと言わせたうえで、祈ってきますと言って（実際は、責任者の指示を仰ぎに行く）その場を離れ、戻ってきて、二〇〇〇万円と献金額を告げる。

Ａ子さんにとってみれば、夫を地獄にやってしまったのも、長男の病の悪化も自分の責任だということになってしまったのである。このまま放置したのでは子ども達の命にだって影響がある、という思いにさせられているはずである。お金の問題ではないようにされてしまっている。以上のようにして、原理の神に対して因縁の清算を願って二〇〇〇万円の献金をさせられることになる。

統一協会がこの最初の献金で、すべての受講生に原則として預金のすべてを献金させることを目標にしているのは、大きな困難を課して、その困難を乗り越えさせるためである。払う犠牲が多ければ多いほど、困難を乗り越えた時に、神によって自分の願いが聞き届けられた、因縁の清算がはかられたという誤解が発生する確率が高まるのだろう。発生した誤解に感動し、その感動の中で、神の愛を実感し、神の存在を実感する人がいるのである。このような事態が発生すれば、それは原理の神への信仰が植えつけられた状態と言っていい。

Ａ子さんは、先の友人に対して、「辛くて、辛くて」のあとに「でもその分、救われ方も大きかったの」（『週刊文春』二〇二二年七月二八日号）と言ったと報道されている。Ａ子さんも二〇〇〇万円の献金によって原理の神を実感させられた可能性がある。なお、神の愛の実感は、この時期でなくとも、統一協会の伝道・教化課程では、意図的に発生させられることなのである。

以上のとおり、宗教団体の伝道・教化活動において、教義には存在しない概念を用いて、信仰を植えつけたり、巨額の献金をさせたりすることが許されるべきでないことは明らかである。

第3　宗教教義であることを明示して教えること

宗教団体の伝道・教化活動においては、宗教教義は、宗教教義であると明示して教えなければならないとすべきである。

統一協会の伝道活動であることを隠して勧誘した効果として、統一協会の宗教教義である統一原理を、事実である、真理であるとして教え込むことができる。そのような実践を統一協会はおこなってきた。その結果、宗教教義であるとして教える場合に比較して、その内容が受講生に浸透させられる度合いが高まることは明らかである。その重大性から当然に払われるべき知的な警戒心が解除されてしまうからである。

そして統一原理は、文鮮明が再臨のメシアであることを実感するための前提知識として教えられている。統一協会の意図はそうなのである。原理講論（教義書）では、創造原理、堕落論、メシア論、復活論等の総論的部分を前提にして、アダム・エバ家庭から東西冷戦時代までの人間歴史がその総論の実証として叙述されている。神の意思としておこなわれたとされる、人間の堕落からの復活の歴史、その歴史の結論として、再臨のメシアがこの地上に今生まれているということが記載されている。

したがって、それが、「真理」あるいは「事実」であるとして対象者に浸透していけばいくほど、「神の意思」として「再臨のメシア」が今この地上にあらわれているとの知識が真理あるいは事実として深められることになる。そして、その知識が基礎となって再臨のメシアが文鮮明であることを知的に受け入れることとなり、さらにそれを前提知識としてメシアの実感に至ると統一協会は主張している。

以上のとおり、宗教原理であることを隠して、宗教的回心に結びつくことも隠して、宗教的回心を起こすための前提知識を教え込むことは、信教の自由を侵害する準備行為であるから、許されないというべきである。

第４　宗教的実践課題の宗教的回心発生前の開示

宗教団体の伝道・教化活動においては、宗教的回心を起こさせる前に、信仰した場合におこなわなければならない宗教的実践課題について開示しておかねばならないとすべきである。

先祖供養祭献金が終わった後、宗教教義であることは明らかにしないで、統一原理がビデオ一三巻を用いて講義される。神を実感させられている受講生は、講義をすべて受け入れていこうという姿勢に転換されている。統一協会は統一原理を理解させようとはしない。それをすべて丸呑みすることを求める。真理であるとの確信は、神や再臨のメシアに対する信仰からもたらされるのであって、論理的理解によるものではないからである。

統一原理一三巻のビデオを見終わった段階で、各受講生の認識の到達度がチェックされ、受け入れる状態と判断された人にだけ、文鮮明が再臨のメシアであることが明らかにされる。ここまでビデオセンターの役割は終わる。

その直後から教育部で、講師による統一原理の生講義がおこなわれる。文鮮明が再臨のメシアであると実感させるための前提となる知識をさらに覚え込ませるためである。

教育部の過程で、先祖解怨、先祖祝福について教えられる。先祖解怨、先祖祝福は、一九九九年から韓国の清平修錬苑でおこなわれるようになった儀式である。それがおこなわれる主要な目的は、「因縁」で伝道した多数の既婚女性信者に、一〇〇〇万円を超える巨額の献金と引き換えに因縁に合致した救済方法を与えること、既婚女性信者達に対して霊的な体験を集団的に起こさせ、そのことによって文鮮明が再臨のメシアであることを深く確信させるためである。霊的な体験は、体験した信者を、終生にわたって組織に拘束する力を持っている。

先祖解怨を教えるとともに統一協会は恨霊の存在を教える。恨霊とは、この世での恨みが強すぎて、霊界に行かないで、この地上でさまよい、人間にとりついて悪行をおこなわせる霊だと言うのである。人間のおこないの悪いことや病気の七〜八割は恨霊がおこしているのだと教える。

そのように教えられると、A子さんは、自殺した夫が恨霊になっているに違いないと思うはずである。夫は霊界に行っていない、この地上にさまよっているということになるはずである。A子さんは、夫の霊がさまよっていることを信じ、その霊を落ち着かせなければならないという強い思いを持っていたことは報道から明らかである。夫の兄に対する献金の無心の理由、友人の話などにそのことがあらわれている。A子さんは、夫に落ち着いてもらうために清平に通い、そこで行事に参加し、願いを込めて、必死になって祈ったはずである。

その過程でA子さんは、とても強くて深い霊的体験をしたのではないかと私は考えている。その理由は、A子さんの統一協会に対する「献身」ぶりは、本当に命懸けなのではないかと感じられるからである。よほど強い霊的体験をさせられていないと、その後の現実がこれだけ手ひどく自分の信仰を裏切っている時に、その信仰を貫き通すことは難しいのではないかと考えるのである。

こうした霊的体験等によって、文鮮明を再臨のメシアとして実感すると統一原理は「真理」となる。その後の実践によってその確信は深められる。統一原理には、統一原理に従った人生を送らなければ霊人体は完成せず、天国に行けないとの教義がある。天国に行きたいと願う以上、もう、統一協会から逃れることはできない状態にされてしまうのである。

以上の過程で最重要の分岐点は、文鮮明を再臨のメシアと実感させられること、すなわち宗教的回心が起こされてしまうことである。その回心の後で、過重な宗教的実践課題が明らかにされたり、組織への隷従が強化されたりしても、もう引き返すことができないのである。だから、宗教的回心が引き起こされる前に、この教義を信じていけば、どのような宗教的実践活動をおこなわなければならないのかについて、情報を開示しておかなければならないというべきである。そのことが、宗教的回心の発生について、冷静に考える根拠を受講生に与えるはずだからである。

教育部でA子さんに対して教えられた統一原理によって、統一協会員としてなすべき目標が、自分や家族の救いという個人的なものから、地上天国の建設による万人の救済という普遍的、公的なものに転換させられる。そう転換させるのは、そのほうが献身的、犠牲的活動を持続させやすいし、それを最大化させることができるからである。

そのような状況にしたうえで、統一協会は統一協会員が救済されるためにおこなわなければならない宗教的実践課題を明らかにする。それは誠の限りを尽くしての献金と、命懸けの救済活動、命懸けに愛情を加えた伝道活動ということである。宗教的回心を起こされる前にこうした内容が示されていれば、誰も受講を継続しないはずである。この課題を真理と信じさせられ、実践が求められるから、統一協会による被害が発生するのである。

第5　違法行為のために隷従させることは許されない

宗教団体といえども、違法な行為や社会的に不当な行為をさせるために、その構成員を組織に隷従させることは許されないというべきである。

命懸けでおこなわされる統一協会の活動の中には、違法なこと、社会的に不当なこと、人情にまったく反することがある。そのような行為も実践できるようにするためには善悪の判断基準を変えておかなければならない。動機が「神のため」であれば、どのような行為も正しいということに変えてしまうのである。普通の人に形成されている、たとえば他人の物を盗んではならないという判断基準を、親のものを盗んで献金しても、それが神のためであれば善である、と変えるのである。

そのように善悪の判断基準を変えたうえで、組織に隷従し、自分の頭で考えない人間にしなければならない。そのためには、アベル・カインの教義を教える。アダム家庭の復帰過程において、カインはアベルに対して全面的に屈服し、絶対的に服従しなければならなかった。ところがカインはアベルを殺してしまった。それでアダム家庭の摂理は失敗したのだと教えるのである。そこからの教訓として、カイン＝宗教的下位者は、アベル＝宗教的上位者の指示に対して絶対的に服従し、それに従わなければならないと教える。その教えを血肉化させるため、アベルへの報告・連絡・相談を日常化させる。毎日の出来事、心の動き、それをすべてアベルに報告させる。それが日常化されていき、ついには自分の頭では考えない人間がつくられていく。

憲法によって人は個人として尊重されている。人は本来自由を求めるものである。したがって、宗教団体であれ、人を隷従させるには、その人の本当の、真意からの同意がなければならない。しかし、違法行為や社会的に不当な行為をさせるために人を隷従させることは、たとえ、真意にもとづくものといっても、宗教団体であっても許されるべきではない。それは、そのことによって被害を受ける社会、加害者とされてしまう信者の保護のためにも、そうであると言わなければならない。そして、これまで詳しく見てきたように、そもそも統一協会への隷従は、とうてい自由意志にもとづく真意によるものとはいえない。

第６　不当に高額な献金や、献金の不足が救済の否定という教義にもとづく場合は許されない

その人の資産状況や社会的地位からいって、不当に高額であるような献金や、その献金が、献金の不足は信仰の怠りの結果であるとの教義にもとづいて心理的に強制されているものである場合には、許されないというべきである。

A子さんの場合のように、全預金を献金し、父名義の不動産や相続した不動産も売却して献金し、資産がなくなれば消費者金融等から借り入れしてまで献金し、親族に嘘をついて借金を重ねて献金するという事態が発生するからである。

おわりに

ここまで見てきた統一協会の伝道・教化活動は、A子さんを、統一原理を真理と確信する人間に変え、A子さんの周辺の財産すべてを統一協会が収奪し、A子さんを経済的に破綻させた。そして統一協会は伝道活動等のための無償の労働力としてA子さんを使役し、保護すべき子どもたちを放置させた。それを原因のひとつとして、実の父は失意の中で亡くなったのであろうし、長男も自殺したのであろう。次男の山上徹也容疑者は、安倍元首相を殺害することによって、自分の人生を破滅させた。

統一協会による正体を隠した伝道活動を防止する力が社会にあれば、安倍元首相が殺されることを含め、以上のすべてのことが発生しなかったのである。

第3章　統一協会の、人を奴隷にする技術の解明に取り組んで33年

（本章は「「統一協会の、人を奴隷にする技術の解明に取り組んで33年」『司法はこれでいいのか。——裁判官任官拒否・修習生罷免から50年』２０２１年、現代書館」に若干の修正を加え再収録したものである）

統一協会からの人身保護請求事件

1987年9月にびっくりする事件が持ち込まれた。統一協会の京大原研の責任者をしている京大の卒業生が、札幌市のアパートに両親や支援者によって拉致監禁されているということを理由にする人身保護請求事件だった。

そのアパートの窓には外側から鉄格子がセットされており、ドアは中からも施錠されていて出ることができない。電話もないので外部との連絡は不可能とされていた。そこに両親と一緒に被拘束者がいるわけで、その状況がすでに20日も継続しているという申立であった。

人身保護法などという法律は聞いたこともなかった。調べてみたら憲法に直結している法律で、人身の自由を拘束する明確な理由がなければ裁判所が迅速にその解放を命ずることを趣旨としている、憲法規範に照らして極めてまっとうな法律であった。ところが、依頼したいというのは、息子を京都から札幌まで車、飛行機を乗り継いで連れてきて、そのアパートで一緒に生活をしている会社員夫婦だった。「改宗を目的とする逮捕監禁を許すことはできない」という申立書の主張に対して、どう考えても反論する理屈を見いだすことは困難に思われた。ところが、支援者や両親の話を聞くと、驚いたことに、「こうしなければ統一協会員は統一原理の誤りを自覚することはできないのだ」、「このような環境であれば元の彼や彼女に戻るのです」と言うのである。じゃあ、その元に戻った人たちに会わせてくれないかと頼んだところ、数名の大学生や大学卒業生がやってきた。彼らの話はまことにびっくりするようなものだった。

ある人の言ったことで今も記憶にあるのだが、そのような拘束状態にいた時、脳内に発生した事実として、どこからか矢が飛んできて、堅固に構築していた原理の城にあたって、それがぴしっとひび割れしたのだと言う。そのひび割れを契機にその原理の城はもろくも潰えさって、後に何も残らず、元の自分に戻れたのだと言う。初めて聞く話である。「へえー、そんなことがあるのか」と思った。そうやって子どもを統一協会から脱会させることができた親たちの感謝の手紙、アパートを運営している人（拘束者として訴えられていた。姪を統一協会から救出した体験を持つ）に対する切々と窮状を訴える手紙もたくさん読まされた。なるほど、私はまったく知らなかったのだけれども、家族にとってはとても大事な、信じられないように大きな問題がここにはあるのだなと思ったのである。でも、法的にはどうすればいいのだ、やりようがあるのか？　と考えてしまった。

それで、統一協会の問題について日本で一番詳しい人を知らないかと聞いたところ、東北学院大学の浅見定雄先生の名前が挙がった。すぐ連絡をしてみると、とても忙しい方で、３日後仙台で講演会がある、その講演会の後その日のうちに岡山に移動して講演を行わなければならない、その新幹線のなかであれば空いているというのである。こちらも人身保護請求への対応はものすごく急かされていた。それで飛行機で仙台へ飛んで、東京まで新幹線の車中をご一緒して、統一協会とそこからの救出の問題について話を聞いたのである。

確か、先生は親子関係の問題、統一協会による洗脳の問題、という話をされたのだと思う。私はそのときの浅見先生の話を聞いて、今思えば甘い判断なのだが、この問題を「わかった」と思ったのである。後日、浅見先生はこの時の私のことを、私の本への推薦の言葉のなかで「不思議な弁護士さんと知り合いになった。人の心のことが深くわかる人だ」と書いている。

東京で降りた私は、当時救出活動をおこなっていた荻窪栄光教会に出向いて、そこで救出活動を行っている人と会い、その人の紹介で霊感商法の霊能師役をやらされていた若い女性の体験談を聞いたのである。その時の彼女の態度が私にとって衝撃的であった。とても静かな昼下がりの教会の一室で、窓の近くに座っていた彼女は、自らが正しいことと信じて加害行為を行わされていた点について話をし始めたときに、涙を流し始めた。顔を伏せず、涙を拭うのでもなく、そのままの状態で大粒の涙を滂沱のように流しながら話し続けたのである。私の心には彼女の苦しみがストレートに伝わってきてしまった。なんの罪科もないこのような若い女性に、ひどい加害の苦しみを与えてしまう統一協会という組織。この組織の不正は到底許すことができないという、深い深い決意を私はその時に持たされてしまったのである。

それからの約1か月半、毎週土日に本州への出張を繰り返して、この問題の最先端の現場で闘っている方、あるいは被害の事実に苦しんでいる方々に面接をして話を聞き、それらをまとめて次の週には準備書面にして提出するという作業を繰り返した。

事件そのものは、あまりにも拘束状況が強すぎると考えた私が、拘束された本人の「(11月)16日の期日には必ず出頭する。外出の自由の許可をもらっても絶対に逃亡しない」という裁判所宛の誓約書を根拠に、両親と保護をしている人たちに対して、保護のレベルを落とすことを勧告した。その結果自由に出入りができるようになった本人は、新しい説得者が神戸から札幌に向かっているという状況になった時に、統一協会と電話連絡の上だと判断されるが、裁判所への誓約も踏みにじって、その場から逃走したのである。そのことによってこの事件は統一協会側が訴えを取り下げて終結した。

統一協会は、統一協会員をマンション等に保護するという両親たちに対して、それまでは人身保護請求によって対抗してきていた。人身保護請求で21勝１敗という状況であったと記憶している。この１敗は20歳以下の子どものケースで、親権を根拠に統一協会の請求が認められなかったものである。

統一協会は、本件の直後に京都で発生した事案について人身保護請求の申立をしたがそれもうまくいかなくなり、結局その後、人身保護請求を提起するという方針はあきらめ、刑事告訴するという方針に転換した。警察、検察庁は最近に至るもこの種の事件の起訴をしていないので、統一協会のもくろみは実現できていない状態になっている。

ただし、保護が途中で失敗した場合、統一協会に戻った子どもたちが両親等に対して民事の損害賠償を請求するという対応は継続的に起こされてきており、その闘いでは、損害賠償金を支払うべしという判決が定着しつつあるし、認定も賠償金額も両親の側に対して厳しいものになってきている。

私は２０１８年２月から、統一協会員の子ども（といってもすでに40代）から両親等への訴訟を、広島地方裁判所、広島高等裁判所で他の弁護団員とともに闘った。一審の広島地方裁判所では全面的な敗訴であった。認定もひどいものであったが、２０２０年11月27日に言い渡された控訴審判決は、両親の行為の動機を「専ら親としての情愛から、孫等を含め子供達の幸せを願っての行動」と認定するなど、今後の闘いへの土台となる成果をあげることができた。

青春を返せ訴訟第1陣

1987年3月に起こしていた原告一人による青春を返せ訴訟は数年間で20名の原告による裁判へと発展していった。救出され、脱会する若者が増えていた時期なのである。この訴訟を最初に提起した時の主張は、壺を買わされた原告が、壺を購入させられたことは公序良俗違反の不法行為だと主張するとともに、統一協会員にするための伝道・教化活動を洗脳による人格破壊と構成して100万円の慰藉料を請求したのであった。なぜ慰藉料を請求することができるのかということをその後、ずっと考えて、提訴から1年半経過した頃には、統一協会の伝道・教化活動は宗教団体による被勧誘者である国民に対する思想信条の自由の侵害だ、自主的主体的な信仰選択の侵害で不法行為なのだとの認識に到達した。金銭被害はその結果発生することなのだという位置付けである。その認識は現在まで変わらない。

しかし、そのような主張を裁判所に認めてもらうためには、統一協会の伝道・教化課程でおこなわれている具体的事実を積み上げていくとともに、成人である被勧誘者の自由意思が侵害されて信仰を植えつけられたということを説明しなくてはならない。1回2回の行為でそうなるのではない。3か月から長い時には1年以上もかかる複雑な過程なのである。そのような期間の「信仰を受容させられていく」過程の全体像を、事実を詳細に積み上げたうえに、人間の心のなかに生まれる変化を中心に跡づけていき、信仰を植えつけられたのだと説明できるのかということが、現在に至るまでの課題なのである。

当時は人格改造とか洗脳とかに関する書物がほとんどなく、朝鮮戦争で捕虜になったアメリカ軍人に対しておこなわれた洗脳というものだけがモデルとしてあるという状況だった。しかし、それは拘束下における人格の改造であるから、拘束が解かれた時にはその洗脳は解けていってしまうと考えられていた。統一協会の伝道・教化課程は、身体的拘束がなく、物理的強制の要素もなく、教えられることの受容と同意や承諾が積み重ねられていく結果、信仰を得ることに至っているのであるから、洗脳という概念で説明することには無理があった。

裁判を起こしたことは起こしたけれども、そこの説明をどのようにしたらよいのか、なかなか解答が見つからず、苦闘の日々を送っていた時、有益な本がないかなと思ってたまたま入った本屋さんで偶然にも見いだしたのが、チャルディーニの『影響力の武器』だった。読んでみてこれは有効なのではないかと思い、当時脱会した青年達に声をかけて毎週土曜日の午後２～３時間、チャルディーニの本とスティーヴン・ハッサンの『マインドコントロールの恐怖』（当時未出版だった。本の一部を訳して用いた）を読みあいながら、これらの本に書かれていることを統一協会のなかで体験したかという質問を繰り返す会合を持つことになった。そうすると、出てくる出てくる……こういうことがあった、こういうことがあったと該当する事実が出てきたのである。これをマインドコントロール研究会と称して１年半くらい継続した。ここで得た知識をもとに準備書面を書いたのである。その準備書面が十数通、合計17万字になった。

その成果をまとめたのが私の書いた『統一協会マインド・コントロールのすべて』（１９９３年、教育史料出版会）という本である。発行して28年も経つのだが統一協会はこの本の内容について何一つ反論していない。そして、まだ、アマゾンで中古品を買うことができる。上智大学の島薗先生には、洗脳について解明した有名なリフトンの書籍と対比しつつ、マインドコントロール論を批判する立場から紹介された。それでも「統一協会の入信勧誘と説得・教化について優れた記述と批判がなされている書物がある。……元信者らが統一協会に傷つけられ、危害をこうむったと感じている理由が如実に語られており、その点で高い価値を持つ資料となっている」と評価されている。

20名の原告で行ったこの訴訟は、13年の闘いを経て一審の勝訴判決を得ることができた。統一協会の伝道・教化課程のなかでおこなわれている事実を原告らは真正面から主張して、裁判所は真正面からその事実を認定した。そして、それが違法である理由としては、正体を隠して勧誘するということが信仰の自由を侵害する「おそれのある行為」であるからと判断したのである。原告は皆統一協会員になってしまった人達だったのに、「おそれのある行為」という認定にとどまったのは、伝道・教化課程の事実関係を詳細に主張立証はしたけれども、人がなぜ文鮮明をメシアだと信じさせられてしまうのか、その経過を説明することができず、それを違法であると主張することができきらなかったからであると今では思っている。当時、そのことを私もわかっていなかったのである。だから、裁判所は伝道活動の最初の、正体を隠した勧誘の事実に着目して、人間が信仰を持つということは、超自然的な事象への非科学的な確信を本質とするものだから、そういったものを持たされてしまった後では引き返し不可能あるいは困難であるという特性から考えると、正体を隠して伝道・教化課程に引き入れることは信仰の自由を侵害する「おそれのある行為」で不法行為だ、としたのだと考えられる。この判決は、統一協会の伝道・教化課程の事実認定において、全ての裁判の基礎になりうる判決である。判決はA３判５２１頁、約50万字である。裁判官達の熱い情熱が伝わってくる分量である。

青春を返せ訴訟第２陣

第１陣訴訟の最高裁判所での判決が確定してから３年以内に、信者原告40名を中心に新しい訴訟を提起した。この訴訟については、最高裁までいって確定した同種の裁判があるのだから、それを基礎に闘えば問題なく早期に勝訴できるのではないかと考えた。ところが裁判はそのように進展しないのである。もう一度新たに、原告になっていた人達が持っていた資料を読み込み、それを伝道・教化課程に位置づけ、伝道・教化課程の具体的事実を詳細に、証拠によって主張立証していくことを求められた。そのうえで、私は統一協会の伝道・教化課程のなかに配置されているイベントとか講義とか、それらがいったいどのような意図を持ってそこに配置されているのか、統一協会は何を狙いとして、被勧誘者の何についての考え（思想）を変えることを意図して、この段階のどこにこの講義を配置しているのか、ということを克明に解明するという作業に取り組んだ。

この訴訟の札幌地方裁判所の判決は、裁判所として、なぜ人は統一原理を真理として信仰してしまうのかということについて、正面から取り組んでそれについて解答を与えようとしたのだと考えられる。そこで裁判所が判示したことは、「信仰による隷属は、あくまで自由な意思決定を経たものでなければならない。信仰を得るかどうかは情緒的な決定であるからここでいう自由とは、健全な情緒形成が可能な状態でされる自由な意思決定であるということができる」ということであった。私は信仰を得るという決定は論理的な決定ではなく、情緒的な決定であるということに、それまで十分に気がついていなかった。受講生の多くが統一協会の操作によって号泣させられ、その状態で文鮮明をメシアとして受容するという事実を指摘してはいたけれども。確かにそれで説明できることはおおいにあったのである。判決のこの重要な部分は控訴審判決できれいに削除された。控訴審判決は、正体を隠した勧誘があるから不法行為だという内容であった。しかし、私は地裁判決の判示に触発されて、考えを深めることになった。

全国展開と共同受任

第2陣終結後、私はこの訴訟を闘う場を、東京地方裁判所を中心とする全国に広げる決意をした。統一協会の伝道・教化活動が被勧誘者の信仰の自由を侵害する不法行為だと主張して闘う弁護士は私以外いなかったからである。その結果、2017年11月に東京在住の1名の方を原告に統一協会に対する損害賠償請求訴訟を起こしたのを皮切りに、熊本の方2名、北海道の方1名、埼玉の方1名の訴訟を、いずれも東京地方裁判所に提起している。その外に、群馬の方5名の訴訟を前橋地方裁判所に提起し、札幌地方裁判所にもう1件提訴している。

以上のうち、埼玉の方の事件は、ビデオセンター受講決定の段階で、「文鮮明師の統一原理と世界の様々な、心理学等の観点から救済プログラムを提示する」と記載した申込書に署名・押印して提出させるように統一協会が伝道方法を変えた後のもので、正体を隠していないと主張される難しさがある。また、札幌地方裁判所の事件は、被相続人と同居していた長男夫婦（統一協会員）が被相続人の預金を勝手に引き出して献金したことについて、長男以外の相続人が長男と統一協会を間接正犯であるとして訴えているものである。この2件が抱えている論点は、日本で初めて裁判で争われることになるものである。

また、群馬の事件は横浜の弁護士の方との共同受任である。前述した広島の事件を含め、それ以外の形でも、若い弁護士たちとの共同の訴訟活動等によって、私の闘い方の成果を引き継いでもらう努力をしている。

以上の事件で、３年にわたる弁論によって、統一協会の伝道・教化課程が受講生に自然人である文鮮明をメシアという超自然的存在であると実感させ信仰を持たせてしまう手法の解明に取り組んだ。それをなし得たのではないかと自分では思えるようにまでなってきている。判決でどのように認定されるのかはまったく未知数だが、この裁判が最初から抱えていた難題に裁判所が明確な判断をされることを期待して、努力を重ねている日々である。

弁護士は自分を偽らずに生きることと、他者のために生きることを統一しうる可能性を秘めた仕事。そのためには、自立できる力が必要。その力は、誠実に事件に向き合うことによってつくられていく。

誠実に向き合うとは、構成要件で事実を切り取るのではなく、事実全体を受け止め、それに答えようとする努力を継続することである。

【付録】インタビュー（弁護士ドットコムニュース）

〝洗脳〟手法を徹底研究、旧統一協会「伝道の違法性」を追及した

第一人者の終わらない闘い

世界平和統一家庭連合（旧統一協会）をめぐる議論や指摘で抜け落ちている点がある。それは、旧統一協会の伝道・教化活動そのものが、国民の思想信条の自由を侵害する違法行為であるとする判決が確定していること、すなわち憲法違反という認識だ。

その判決を１９８７年から14年間かけて勝ち取り、以降も違法伝道を白日の下に晒してきた第一人者が札幌にいる。

現在も3件の訴訟を闘い続ける旧統一協会の不倶戴天の敵ともいうべき郷路征記弁護士（全国霊感商法対策弁護士連絡会代表世話人）に聞く。（ジャーナリスト・本田信一郎、文中敬称略）

信仰の自由侵害を提起した弁護士はただ一人

（旧統一協会の伝道・教化活動は）社会的にみて相当性が認められる範囲を逸脱した方法及び手段を駆使した、原告らの信仰の自由や財産権等を侵害するおそれのある行為であって、違法性があると判断すべきものである。

これは郷路征記が１９８７年3月に提訴した「青春を返せ訴訟」（郷路本人が命名）で、２００１年6月に言い渡された札幌地裁判決の一部である。２００３年に被告である旧統一協会の控訴は棄却、上告も棄却されて確定した。

この訴訟以降も、郷路は一貫して旧統一協会の伝道・教化活動が、被勧誘者である国民の自主的、主体的な信仰選択を侵害する不法行為であることを立証し、そして、勝訴してきた。

ところが、安倍元首相銃撃事件以降、聞こえてくるのは霊感商法・高額献金・合同結婚式といった1980年代から1992年をピークとする「騒動」の繰り返しのような視点の言葉ばかりで、冒頭の判決を踏まえた違法性の議論がなされていない。

どうも政治家は「ささいな接点」にせよ、憲法違反といえる違法行為を是認しているに等しいということの自覚がないようだ。空疎というほかない。

「実に見事に抜け落ちてますね。信仰の自由が侵害されているという裁判をやっている弁護士は僕ひとりですから」と穏やかな表情で郷路はいう。

「現在、2世信者、宗教2世の苦悩がクローズアップされていますが、たとえば、その子どもたちが旧統一協会に損害賠償を求めることを考えた場合には、親自身が違法な伝道・教化によって信仰を持たされたというところを出発点にしないと責任の追及はできないんです。

そこを問題にしないと苦しみの根源を問うことはできずに、単なる毒親問題になってしまう。それでは旧統一協会は痛くも痒くもないし、問題の本質に迫ることはできません」

加害者になった元信者は涙を流して自責の念を語った

郷路が旧統一協会と接点を持ったのは、高額献金の返還交渉だった。時は1980年代になって霊感商法被害が急増した頃である。その後、脱会に伴う人身保護請求に関わり、手探りで資料や証言を収集する過程で、ひとりの元信者と出会う。

「25、6歳だったかな、霊感商法の中核を担わされ、霊能師として因縁トークをして壺を買わせていた女性でした……。涙です。滂沱の涙ですよ。顔を伏せるのでも、拭おうとするでもなく、涙が流れるまま話し続けました。犯罪行為を正しいこととしてやっていた自責の念に痛烈に苦しんでいたのです」

そして、郷路は旧統一協会が如何に周到な段階を踏んで信者を隷属させ、人生を収奪しているのかを知り、「こんなこと絶対に許せないと思った」という。

発火点を得た郷路は、元信者1名を原告に1987年3月、札幌地裁に提訴する。霊感商法は公序良俗違反の不法行為であり、伝道・教化活動を洗脳による人格破壊と構成して100万円の慰謝料を請求した。

この時、旧統一協会の反応として伝わってきたのは「変な訴訟を起こされたよ、慰謝料請求だぜ」という嘲笑だった。また、多くの弁護士からは「裁判所がそんな請求を認めるわけがない」「珍訴、奇訴の類」といわれた。――自ら信者になっていたのだし、むしろ霊感商法の加害者なのだから慰謝料請求は無謀――ということである。

ちなみに、同年9月に日弁連は霊感商法の被害状況（総額57億円）を発表したが、旧統一協会との関連は示唆するにとどまっている。

郷路はひとりだった。しかし、必ずしも孤立無援ではなかった。「元信者との『マインドコントロール研究会』を始めました。10名くらいで毎週土曜日の2～3時間、18か月続けたので相当の延べ人数です。海外の文献と自身の教化課程を照らし合わせると、重なる点が次々に見つかり『自分は騙されていたんだ』ということがよく分かる」

「すると『私は悪くない』と思えるからリハビリにもなりました。それに、内部資料や教化講義の板書を写したノートなどの伝道課程の事実を全部、極力集め抜いた。それが大きかった」

控訴委任状を携えて臨んだ判決は全面勝訴

原告は提訴からおよそ4年間で20名になった。そして、2001年6月、一審の判決を迎えた。

「裁判官の態度も硬化している感じでしたし、『これは勝てないな』と思って、控訴審の全員の委任状を懐に忍ばせて、叩きつけてやろうと思って判決に臨んだんです。そしたら、全面勝訴だった。びっくりしました。ものすごく嬉しかったですね」

だが「判決文では『信仰の自由や財産権等を侵害するおそれのある行為』というけれど、原告は現実に旧統一協会員になっていたのにとは思いました。しかし、僕も何故その信仰を植え付けられるのかというメカニズムは、まだ十分に主張できてはいなかった。承諾誘導の技術だけでは説明しきれない。

ですから、裁判所もそこは何も触れないで、伝道・教化の最初の段階で正体を隠していることが信仰の自由を侵害するおそれのある行為だから不法行為だとした。それはそれで当時の裁判所の書き方としては大英断だったと思います。50万字の判決文でした」と振り返った。

提訴からこの判決までのおよそ14年間で、旧統一協会「騒動」は鳴りを潜め、取って代わるようにオウム真理教が注目され、果ては地下鉄サリン事件が起き、マインドコントロールやカルトが認識されるようになる。

郷路は「オウムを隠していない伝道・教化課程を違法だといえるのか、でも、そこを違法だといわない限りはやはり救われないのではないかと考えていました。世間の関心がどう移ろうとも、問題意識がずれることはありませんでした」という。

第2弾の判決は「憲法の理念を基に評価、判断している」

郷路は旧統一協会の上告が棄却された翌2004年、元信者40名と、その元信者に勧誘されて物品を買わされた近親者を含む23名を原告に、およそ6億5000万円の損害賠償請求を提訴した。今回の郷路の命名は「信仰の自由侵害回復訴訟」だった。

2012年3月の札幌地裁の判決のポイントは、

信仰による隷属は、あくまで自由な意思決定を経たものでなければならない。信仰を得るかどうかは情緒的な決定であるから、ここでいう自由とは、健全な情緒形成が可能な状態でされる自由な意思決定であるということができる

旧統一協会の場合、入信後の宗教活動が極めて収奪的なものであるから、宗教性の秘匿は許容し難いといわざるを得ない

であり、「青春を返せ訴訟」で指摘された正体を隠した勧誘・伝道はもとより、被勧誘者が「ミス認定」する内心に踏み込んでいる。

郷路は「僕はたこつぼの中にいたようなもので、内部文書や原告の証言を練り上げたのですが、裁判官は一神教の信仰を得る過程という視点から、僕の資料を切開して解明してみせたんです。論理ではなく情緒なんだと。だから正体を隠して統一原理を教義としてではなく事実として教えられると、より浸透させられてしまう。

因縁や迷信も繰り返されると、それが事実と思ってしまう人が一定の割合でいるという認定です。それに、直接的な適用はありませんが、憲法の理念を基に評価、判断している判決だと思います」という。

そして、およそ2億7000万円の支払いが命じられた。「実損とされた部分は全部認められました。慰謝料の計算もとても細かい分類をしてきちんと積み上げていて、最高額は750万円くらいです。遅延金を加算すると総額でおよそ4億4千万円になります」と郷路は判決を高く評価した。

「青春を返せ訴訟」と「信仰の自由侵害回復訴訟」の両確定判決で明確になったのは、『旧統一協会の伝道・教化活動は、対象者の思想信条の自由を侵害する違法行為である。伝道・布教や物品販売を行っているのは信徒会などの任意、協力団体等ではなく、旧統一協会そのものである。献金や物品購入だけでなく、献身（隷属）させられて旧統一協会の事業に専従したことは損害であり、慰謝料の加算事由である』であった。

次なる戦場は東京へ　違法伝道訴訟を広げるために

２０１７年から、札幌のみならず東京地裁と前橋地裁で同様の「違法伝道訴訟」を提訴した意図を、郷路は少し固い表情でこう語る。

「（違法伝道訴訟を）やる弁護士が増えてこないし、その傾向もない。それでは勝てない。旧統一協会のやり方は、霊感商法的手法で脅して透かして信者になる前に金をガバーッと取る。でも、信者になった後なら脅さなくても献金するし、買うんですよ」

「脅すような働きかけがあったことを立証して、個別に返金、賠償を求める勧誘違法型では信者になった後の献金については勝てなくなる。現に旧統一協会は、やり方を変えてきている。従来の請求方法で勝てなくなると、旧統一協会ばかりでなく、カルトといわれるものに対して、国民の権利を守る闘いに大きな損失を被るだろうと……。それを阻止するには『違法伝道訴訟』を広げなければならない。そのためには注目度が高い東京でと考えたのです」

旧統一協会が「違法伝道訴訟」を避けるための最低条件は、勧誘の最初から旧統一協会の伝道活動であることを明確に伝え、信者となった場合にどのような活動に従事することになるかを説明しなければならないが、それは、必然的に信者と献金額の減少に直結するだろう。

しかし、正体を明かした上で信者にするオウム真理教のような例もある。既に郷路の近年の裁判でも「隠してはいない」との反論があったという。それでも、35年前と比して「正体の秘匿だけでなく、伝道・教化課程の違法性についての分析が、かなりのレベルまでいけたというのが変わったところですね」と郷路は自信を覗かせる。

伝道の違法性が広く知られていれば、安倍氏銃撃事件は防げた

安倍元首相銃撃事件について、郷路は「圧倒的に努力が足りなかった」と自戒する。そして、「伝道・教化の違法性が広く知られ、裁判所や社会に正体隠しの伝道は許されないとの規範があり、山上容疑者の母親の入会を防ぐことができていれば、この悲劇はなかったんです」という。

ここで郷路のいう規範は、カルト規制とは少し違う。

「規制から考えるのではなく、信教の自由をどう守っていくかという視点で考えれば良いと思います。国民は個人として、圧倒的な力量を持っている宗教集団の勧誘行為に対峙する立場に置かれているわけですから、十全な間違いのない判断ができる環境をどうしたら整えられるかという視点です」

「信仰は自分の責任で持つのだから放置して良いというのは見直さなければならないでしょう。人間はそんなに強くはない。他の影響を受けるものです」

そして、郷路は続けて自身の立ち位置を語った。

「僕の場合は旧統一協会の伝道・教化課程についての具体的な知識を持たないと、信仰の自由を守るためにはどうしなければならないかの解は出てこなかった。それは、すべての問題集団も同じだと思います」

「事実関係を精査し、理解した上で、信仰に至る過程で、国民の信仰の自由が守られているか、守るためにはどう考えるべきかという視点で洗い直して行く。その作業が必要なのだと思います」

弱者に寄り添い続けている郷路は、一息つくと、「正体を隠して騙すなんてのがどうして許されるのか、どうしてそんなことが違法だといわれるために民事の裁判で何十年も努力しなければならない

のか……」と、珍しくぼやいた。

※以上は、弁護士ドットコムニュース（2022年8月20日付）への同タイトル掲載記事に若干の修正を加え、再収録したものである。

あとがき

本書の第3章「統一協会の、人を奴隷にする技術の解明に取り組んで33年」は、２０２１年株式会社現代書館から発行された『司法はこれでいいのか。――裁判官任官拒否・修習生罷免から50年』に私が執筆して掲載していただいたものである。この度、株式会社現代書館の許諾を得て本書に掲載することができたことを感謝申し上げる。

この文章は、私が統一協会の伝道・教化活動が違法であるという訴訟に取り組んで33年間、札幌地裁における3件の集団訴訟に勝訴した後、東京地裁を中心に5件の訴訟を遂行しているという状況のなかで、それまでの経過を概観し、それぞれの段階における成果と問題点について述べたものである。

統一協会の伝道・教化活動が、国民の信教の自由を侵害する違法のものであるという考え方は、裁判で私が闘っていただけであって、社会的に認知されたりしているものでは全くなかった。社会の片隅で、１人で毎日、目の前に迫り来る裁判の期日に間に合うよう必死に準備書面を書き上げるという作業を積み重ね、幸いにも勝訴判決を勝ち取ることができていたから、維持、発展できていたのであった。しかし、この文章に書かれている取り組みとそこで形成、獲得された認識が、その後現在に到る私の考え、行動の基礎になっているのである。

本書の付録として掲載させていただいた本田信一郎氏によるインタビュー記事は、２０２２年8月20日、弁護士ドットコムニュースに「〝洗脳〟手法を徹底研究、旧統一協会『伝道の違法性』を追及した第一人者の終わらない闘い」として掲載させていただいたものである。この度、弁護士ドットコム株式会社の許諾をいただいて本書に掲載することができたことを感謝申し上げる。

これは山上容疑者による安倍元首相銃撃殺害事件が発生して、統一協会の被害実態等についての報道が嵐のようにされるなかで、私が本書の第3章で記載した内容の統一協会に対する訴訟に取り組んでいることを聞き知った、弁護士ドットコムニュースの編集者の発意によって、取材され、公にされたものである。

これは、私の独自の取り組みに焦点をあてた他者による取材と執筆がおこなわれた初めてのものである。その意味で私にとってはとても意義深いものであるし、その後の展開への道を切り開いてくれたものである。

本書の第1章「統一協会その違法な伝道・教化の手法」は2022年8月23日に開催された自由法曹団100周年記念北海道支部特別例会（共催：青年法律家協会北海道支部）で私がおこなったオンラインでの講演を文字起こしし、必要な修正を加えたものである。これは1時間30分の範囲内という制約があるものの、統一協会の既婚婦人に対する伝道・教化課程について、私が到達していた認識によって、報道によって明らかになった山上容疑者の母親の被害や心理状態を解明するという手法で、統一協会の被害の実態を具体的にリアルなものとして描き出そう、そのことによって真の加害者が統一協会であることを明らかにしようと努めたものである。

安倍元首相の死を含めて、山上家を襲ったすべての被害が、統一協会の違法な伝道・教化活動によってもたらされたこと、すなわち、山上容疑者の母親の信教の自由が侵害されたことによるのだということが解明されていると考えている。

本書の第2章「宗教カルトの何が違法なのか――統一協会の伝道・教化をめぐって」は、株式会社岩波書店発行の雑誌『世界』10月号に掲載させていただいたものである。この度、株式会社岩波書店の許諾を得て本書に掲載することができたことを感謝申し上げる。

この文章は、本書第1章の講演による統一協会の伝道・教化課程で用いられている手法の分析を基礎として、その手法のどれが被勧誘者の信教の自由を侵害しているといえるのか、すなわち民法709条に違反して違法といえるのかについて、具体的な6項目を指摘して、その理由とともに明らかにしたものである。このようなかたちで統一協会の伝道・教化課程を分析し、違法であることの基準を抽出し、その根拠となる事実を指摘したのは初めてのことではないかと思う。

統一協会の伝道・教化課程の事実に基づいた違法性の基準は、そのまま法規制や、自主的なガイドラインなど、統一協会の伝道・教化活動を是正させるための規範としての役割を果たしうるものである。したがって、この文章は、統一協会の伝道・教化活動による被害の発生を防止するために利用することができるものと考えている。

統一協会による被害を発生させないための防止策は、現在、宗教法人法による解散命令と反カルト法の制定が議論の対象になっていると理解しているのだが、私自身は、国民の信教の自由を守るために、どのような伝道手法を禁じていけばよいのかという視点から考えるべきだと思っている。この文章に示されている6つの基準は、統一協会の場合についての現時点における私なりの結論なのである。

しかし、何と言っても私の主張していることは、私の、狭い範囲の取り組みの中で考え出されたものにすぎない。できるだけ早く、これが多くの人達の目に触れることによって、意見の交流が起こり、よりよい被害の発生防止策が定められれば良いと思う。

なお、花伝社の平田勝社長には、このブックレットの出版に関して大変お世話になった。ここに記して感謝したい。

郷路征記（ごうろ・まさき）
1943年北海道生まれ。1965年東北大学経済学部卒業。1971年札幌弁護士会に登録、北海道合同法律事務所に所属。1998年郷路法律事務所を開業。
札幌弁護士会副会長、同会子どもの権利委員会委員長などを歴任。1980年代から旧統一協会問題に携わり、全国霊感商法対策弁護士連絡会代表世話人を務める。

統一協会の何が問題か――人を隷属させる伝道手法の実態

2022年11月1日　初版第1刷発行

著者――――郷路征記
発行者―――平田　勝
発行――――花伝社
発売――――共栄書房
〒101-0065　東京都千代田区西神田2-5-11 出版輸送ビル2F
電話　03-3263-3813
FAX　03-3239-8272
E-mail　info@kadensha.net
URL　http://www.kadensha.net
振替　00140-6-59661
装幀――――佐々木正見
印刷・製本――中央精版印刷株式会社

ISBN978-4-7634-2033-6　C0036